Mechthild Seithe

Engaging

Mechthild Seithe

Engaging

Möglichkeiten Klienten-
zentrierter Beratung
in der Sozialen Arbeit

VS VERLAG FÜR SOZIALWISSENSCHAFTEN

Bibliografische Information Der Deutschen Nationalbibliothek
Die Deutsche Nationalbibliothek verzeichnet diese Publikation in der
Deutschen Nationalbibliografie; detaillierte bibliografische Daten sind im Internet über
<http://dnb.d-nb.de> abrufbar.

1. Auflage 2008

Alle Rechte vorbehalten
© VS Verlag für Sozialwissenschaften | GWV Fachverlage GmbH, Wiesbaden 2008

Lektorat: Stefanie Laux / Monika Mülhausen

Der VS Verlag für Sozialwissenschaften ist ein Unternehmen von Springer Science+Business Media.
www.vs-verlag.de

Umschlaggestaltung: KünkelLopka Medienentwicklung, Heidelberg
Satz: Anke Vogel, Ober-Olm
Druck und buchbinderische Verarbeitung: Krips b.v., Meppel
Gedruckt auf säurefreiem und chlorfrei gebleichtem Papier

ISBN 978-3-531-15424-4

Inhaltsverzeichnis

Vorwort

Als Lehrende der Sozialpädagogik mache ich seit Jahren folgende Erfahrung: Studierende, die mit den Grundlagen von Rogers vertraut gemacht wurden und damit in ihr Praktikum starteten, stellen hinterher oft frustriert fest, dass sie die Klientenzentrierte Methode nur in seltenen Fällen wirklich haben anwenden können. Entweder fehlten ihnen in ihrem Praxisfeld die notwendigen zeitlichen und institutionellen Rahmenbedingungen oder aber die KlientInnen waren nicht bereit oder in der Lage, diese Methode für sich anzunehmen.

Die Klientenzentrierte Beratung wird in der sozialpädagogischen Fachliteratur widersprüchlich rezipiert: Zum einen wird anerkannt, dass gerade der Klientenzentrierte Ansatz in der Lage ist, die sozialpädagogische, empathische und auf Empowerment zielende Grundhaltung gegenüber der Klientel praktisch umzusetzen. Zum anderen wird die Klientenzentrierte Beratung als Abkömmling der Klientenzentrierten Psychotherapie angesehen und ihr Wert von daher für eine lebenswelt- und alltagsorientierte Beratung infrage gestellt.

Das vorliegende Buch entwickelt mit der Konzeption und Praxis des „Engaging" einen methodischen Zugang, der es ermöglicht, die Klientenzentrierte Beratung den Anforderungen der Sozialen Beratung angemessen einzusetzen und sie für die Soziale Praxis zu qualifizieren.

Dies zu leisten lohnt sich angesichts der oben erwähnten Tatsache, dass diese Methode in eindeutiger und nachhaltiger Weise die Grundhaltungen erfordert und verinnerlicht, die für sozialpädagogische Arbeit erforderlich sind, wenn sie sich am biografischen Eigensinn ihrer Klientel orientieren will.

Nach der Einleitung wird im ersten, theoretischen Teil dieses Buches das Konzept „Engaging" als klientenzentriertes Konzept in der Sozialen Arbeit abgeleitet und diskutiert.

Der zweite, mittlere Teil des Buches setzt sich mit der Frage auseinander, ob und wie Klientenzentrierte Beratung und auch das Engaging für den Kontext sozialpädagogischer Handlungs- und Aufgabenfelder gelehrt und gelernt werden können.

Der dritte, praktisch-didaktische Teil des Buches enthält Hilfestellungen für die konkrete Aneignung des Engaging. Der Text gibt Anregungen für die Gestaltung des Lernprozesses, diskutiert ausführlich Fallbeispiele und bietet Übungen an.

Gedacht ist dieser Teil für die Lehre an Hochschulen und in Weiterbildungseinrichtungen. Begrenzt geeignet ist er für ein autodidaktisches Studium.

Das Buch sollte jedoch nicht missverstanden werden als Lehrbuch im Sinne eines kleinschrittigen Lernprogramms. Ein in dieser Weise festgelegter und linearer Lernprozess scheint mir im Rahmen der Aneignung einer beraterischen Methode nicht umsetzbar und auch nicht sinnvoll. Vielmehr sollte der Lern- und Lehrprozess jeweils den spezifischen Bedingungen der Lerngruppe angepasst und entsprechend kreativ gestaltet werden. Für einen solchen Prozess möchte ich mit dem dritten Teil des Buches Anregungen geben.

Die Begriffe „klientenzentriert" und „personenzentriert" werden als Synonyme verstanden und benutzt.

Der Begriff „Klientenzentrierte Kommunikation" bezeichnet die personenzentrierte Art des Kommunizierens allgemein. „Klientenzentrierte Psychotherapie", „Klientenzentrierte Beratung" und im Besonderen das „Engaging" sind Varianten der „Klientenzentrierten Kommunikation".

Da im Bereich der sozialen Beratung mindestens genauso viele Frauen wie Männer tätig sind und auch die weibliche Klientel in der Beratung eher überwiegt, wird in diesem Buch grundsätzlich die weibliche Form gewählt. Ich habe mich dabei des großen „I"s bedient, um darauf hinzuweisen, dass mit der weiblichen Form selbstverständlich auch die männliche Form mit gemeint ist.

Jena, den 15.1.08   Mechthild Seithe

1 Einleitung: Stellenwert und Wahrnehmung der Klientenzentrierten Beratung innerhalb der heutigen Sozialen Arbeit

Beratung ist eine unverzichtbare Methode in der Sozialen Arbeit (vgl. z.B. Böhnisch et al. 2005, S. 127; 128; Sickendiek et al. 2002; Meinhold 2006).

Der beraterische Ansatz setzt dabei am Individuum, seiner subjektiven Erfahrung und an seinem individuellen Veränderungspotential an. Wird im Rahmen von Gruppenarbeit, Gemeinwesenarbeit oder z.B. Familienarbeit beraten, so sind auch hier die Individuen angesprochen, die sich gemeinsam im jeweiligen sozialen Kontext befinden. Beratung in der Sozialen Arbeit sieht den einzelnen Klienten dabei immer eingebettet in seine spezifischen sozialen wie materiellen Gegebenheiten und versucht in keinem Fall, den einzelnen Menschen losgelöst von seiner Lebenswelt zu begreifen. Dies ist grundsätzliches Anliegen aller sozialpädagogischen Hilfe- und Beratungskonzeptionen (vgl. z.B. Böhnisch et al. 2005, S. 103; Galuske 2007, S. 136; Thiersch 1989, S. 189; 2004).

Im Sinne von Böhnisch et al. wird Beratung verstanden als „kommunikative Klärung und Bearbeitung von Bewältigungsherausforderungen" (Böhnisch et al. 2005, S. 127). Mit Mollenhauer sieht er in der Beratung das „Kernstück einer emanzipatorischen Sozialpädagogik" (Mollenhauer 1965), die in der Lage ist, die autoritären und disziplinierenden Formen der fürsorglichen Sozialen Arbeit durch solche zu ersetzen, die sozial verträglich sind (vgl. Böhnisch 1992, S. 74). Beratung ist damit auch eine Methode, Empowerment zu ermöglichen (vgl. Herriger, 2002). Sie ist in diesem Verständnis darauf ausgelegt, die Subjektrolle des Klienten zu stärken bzw. zu entwickeln, ihm die Erfahrung und Erkenntnis (wieder) zu geben, dass er der Regisseur seines Lebens und seiner Lebensverhältnisse ist.

Die „Klienten-" oder wie sie in der Literatur auch genannt wird die „Personenzentrierte Beratung" versteht sich in erster Linie als ein Weg zu gelingender Kommunikation. Daher rührt ihre Relevanz und ihre Attraktivität für alle Bereiche psychosozialer und sozialer Arbeit (vgl. Frenzel et al. 2001). Besonders mit Blick auf ihre empathische, das Subjekt KlientIn respektierende und akzeptierende Grundhaltung, wird die Klientenzentrierte Beratung in der Sozialen Praxis allgemein geschätzt. „Ohne eine offene, vertrauensvolle und auf Zusammenarbeit orientierte Beziehung aller Beteiligten ist keine erfolgreiche Beratung möglich", betonen z.B. Sickendiek et al. (2002, S. 113). Die Beratervariablen nach Rogers sind heute als entscheidende Wirkungsgrößen jedes erfolgreichen Beratungsprozesses anerkannt und werden als generelle Grundlage für eine förderliche Hilfebeziehung gesehen.

So ist die Empathie als sensible Haltung, als die Fähigkeit und Bereitschaft, sich in den Klienten hinein zu versetzen, in jeder Beratung grundlegend und unverzichtbar. Die Wertschätzung des Gegenüber, die nicht an Bedingungen geknüpft ist, die also dem Gegenüber um seiner selber willen, so wie er eben ist, angeboten wird, ermöglicht dem Klienten Sicherheit und Offenheit und ermutigt zu neuem Denken und veränderten Sichtweisen. Ebenso ist die Echtheit, das Gegenteil eines aufgesetzten oder rein technisch angewandten Kommunikationsverhaltens, im Sinne einer unverfälschten Kommunikation eine allgemein geltende Voraussetzung für die Entwicklung und Erhaltung einer förderlichen Hilfebeziehung.

Die Klientenzentrierte Beratung und die Psychotherapie haben sich in den letzten Jahrzehnten weiterentwickelt. So stellen Frenzel et al. klar: „Es gibt mittlerweile nicht die eine Personenzentrierte Psychotherapie, sondern eine Reihe personenzentrierter und experienzieller Ansätze. Wenn im Folgenden allgemein von „Personenzentrierten Ansätzen" die Rede ist, ist eine Grundorientierung gemeint, die sich auf Rogers beruft" (Frenzel et al. 2001).

Wie Meinhold (2006, S. 60) feststellt, wurde der auf Carl Rogers zurückgehende personenzentrierte Ansatz seit etwa 1980 durch verschiedene neue Beratungskonzepte erweitert. Sie nennt das Metamodell der Kommunikation nach Bandler und Grinder (1982), das integrative Beratungsmodell von Heron (1990) sowie die systemische Familienberatung. Dennoch bilden die Haltungen Akzeptanz, Empathie und Kongruenz nach wie vor die Grundlage jeder Klientenzentrierten Beratung und Therapie.

Das Klientenzentrierte Konzept hat sich bis heute weit über die psychotherapeutische Anwendung hinaus in verschiedensten Bereichen der Pädagogik und der Sozialen Arbeit etabliert und wird in vielen Feldern der Sozialen Arbeit als unverzichtbare Methode angesehen (vgl. z.B. Sander 1999; Straumann 2000; Frenzel et al. 2001; Eckert et al. 2006).

Straumann (2000) z.B. beschreibt den zentralen Stellenwert der Klientenzentrierten Beratung in der Sozialen Arbeit wie folgt: Ihr „in sozial kommunikativen und psychotherapeutischen Zusammenhängen theoretisch begründetes und wissenschaftlich in der Bundesrepublik weiter entwickeltes Klientenzentriertes Konzept bietet Beratung mit Einzelnen und Gruppen eine wissenschaftlich fundierte Theorie und Methode, wie sich konstruktiv erlebbare Entwicklungen, zwischenmenschliche Beziehungen und eigenverantwortliche Entscheidungsfindungen fördern lassen" (Straumann 2000, S. 94).

Biermann-Ratjen et al. (2003) stellen sich die Frage, warum eigentlich die Klientenzentrierte Beratung speziell für die Soziale Arbeit so attraktiv sei. Neben den für SozialarbeiterInnen interessanten Tatsachen, dass erstens die Klientenzentrierte Kommunikation ein Handlungsmodell und kein Erklärungsmodell darstelle und dass sie zweitens keine Trennung zwischen normalen und gestörten Individuen kenne (also von keinem Krankheitsbegriff ausgeht; vgl. Straumann 2000, S. 98; vgl. auch Frenzel et al. 2001), weisen sie auf eine Fülle von Aspekten der Klientenzentrierten Beratung hin, die geeignet seien, insbesondere den Subjektcharakter der KlientInnen zu fördern und die Partizipation der Betroffenen zu stärken (Biermann-Ratjen, 2003, S. 192f.). Auch Straumann stellt fest, „dass das ... Konzept von Carl Rogers das Prinzip der „Hilfe zur Selbsthilfe" besonders betont und ein Dominieren des Prinzips „Fremdhilfe", das Verantwortung und Aktivität des Subjekts einschränkt, ausschließt" (Straumann 2000, S. 94; vgl. auch Merchel 1994). Auch Frenzel et al. weisen auf die Bedeutung des Empowerment in der Klientenzentrierten Beratung hin und warnen vor dem Risiko der Unmündigkeit, das immer dann mit Beratung einhergeht, wenn die BeraterIn die Verantwortung an sich zieht (Frenzel et al. 2001, S. 334, 336).

Dennoch steht die Klientenzentrierte Beratung in der sozialpädagogischen Fachliteratur auch in der Kritik. Man geht immer wieder davon aus, dass die Anwendung der Klientenzentrierten Gesprächsführung im Kontext der Sozialpädagogik eine unangemessene Übertragung einer psychotherapeutisch orientierten Methode auf Problemlagen der Sozialen Arbeit bedeutet (vgl. z.B. Galuske 2005, 187). In der Praxis machen SozialarbeiterInnen tatsächlich vielfach die Erfahrung, dass das Klientenzentrierte Gesprächsverfahren nur begrenzt einsetzbar und wirksam zu sein scheint. Seine Umsetzung scheitert immer wieder an vielerlei Hindernissen: an der (nicht) zur Verfügung stehenden Zeit, an der mangelnden Bereitschaft der Klientel der Sozialen Arbeit sich zu öffnen, an der Notwendigkeit, im sozialpädagogischen Beratungsgespräch auch Handlungen oder Konsequenzen einfordern zu müssen.

Ist die Klientenzentrierte Beratung also doch eine Methode, die dort unbrauchbar wird, wo Soziale Arbeit sich von therapeutischer Beratung deutlich unterscheidet? Auf diese Zusammenhänge werde ich weiter unten ausführlich eingehen.

Trotz der benannten Erfahrungen der Praxis muss aber festgehalten werden, dass die Methode der Klientenzentrierten Beratung in der Sozialen Arbeit gleichwohl einen hohen Stellenwert hat: Klüsche stellte 1990 fest, dass die „Gesprächstherapie" mit 71% Nennungen den Spitzenplatz bei den Methoden besetzte, an denen sich praktizierende SozialarbeiterInnen orientierten (Klüsche 1990, S. 102).

Neuere Untersuchungen belegen, dass auch heute ein großer Anteil der Prak-
tikerInnen der Sozialen Arbeit auf Klientenzentrierte Beratung zurückgreift (vgl.
Kreuzer 2001, S. 27). Auch Biermann et al. stellen fest, dass in der Sozialen Arbeit „weiterhin eine starke Nachfrage nach Fortbildungsmöglichkeiten gerade in
der Klientenzentrierten Gesprächsführung" besteht (Biermann et al. 2003, S. 192).
Angesichts dieser widersprüchlichen Wertungen und Einschätzungen der
Eignung Klientenzentrierter Beratung in der Sozialen Arbeit, scheint es notwendig, der Frage nachzugehen, wie Klientenzentrierte Beratung im Kontext Sozialer Arbeit aussehen müsste und was sie dort leisten kann.

Wie oben bereits angedeutet, erfordert Soziale Arbeit von einem Beratungsprozess andere Akzente und Vorgehensweisen als sie z.B. bei einer Beratung, die
in ein therapeutisches Setting eingebunden ist und z.B. mit einer Kommstruktur
einhergeht, gegeben sind. Die Notwendigkeit, in der Sozialen Beratung in der
Regel eine Motivierungsphase vorschalten zu müssen und die Tatsache, dass
Soziale Arbeit immer im Kontext des Doppelten Mandats handelt, erfordert
besondere methodische Kenntnisse und ein spezifisches Beratungsverständnis,
das sich von einer therapeutisch orientierten Beratung deutlich unterscheidet. Es
kann nicht einfach darum gehen, die Klientenzentrierte Beratung in ihrer eher
therapeutischen Erscheinungsform in der sozialpädagogischen Arbeit solange
aber auch nur soweit anzuwenden, wie die Bedingungen hinreichen und die Beratung offenbar funktioniert. Dies würde bedeuten, eine therapeutische Methode
einfach so gut es eben geht zu adaptieren, ohne sie für die besonderen Bedingungen der sozialpädagogischen Praxis neu zu kalibrieren.

Wenn es aber zutrifft, dass Klientenzentrierte Beratung in besonderem Maße die oben beschriebenen, bemündigenden Prozesse in der Sozialen Arbeit
unterstützen kann, und dass sie geeignet ist, jenen partizipativen Prozess zu gestalten, der es dem Klienten ermöglicht, ein aktiver, motivierter, für sich selber
engagierter Partner im Koproduktionsprozess der Beratung und Hilfe zu werden,
dann sollte es lohnen, diesen Ansatz dahingehend zu qualifizieren und zu modi-
fizieren, dass er als alltagstaugliche Methode außerhalb des klinischen Kontextes
eingesetzt werden kann.

Das vorliegende Buch unternimmt diesen Versuch, die Klientenzentrierte
Kommunikation mit Blick auf die besonderen Handlungsmerkmale und Hand-
lungsbedingungen Sozialer Arbeit weiter zu entwickeln und sie damit als geeignete Beratungsmethode auch für die Soziale Arbeit auszuweisen. Wie sich heraus-
stellen wird, besteht die erforderliche Modifikation nicht in einer Abänderung,
sondern vielmehr in einer konsequenten Anwendung der Prinzipien klientenzentrierter Arbeit.

„Engaging" ist der Begriff, der für diese Sozialpädagogische Variante der
Klientenzentrierten Beratung gewählt wurde. Auch die Klientenzentrierte Bera-

tung im Sinne des Engaging basiert auf den Grundannahmen von Rogers und gründet im Wesentlichen auf der Verwirklichung der drei Basisvariablen Akzeptanz, Empathie und Echtheit.

Im umfangreichen hinteren Teil des Buches wird eine Lehr- und Lernunterstützung zur Aneignung der Methode „Engaging" angeboten.

2 Klientenzentrierte Beratung und Soziale Arbeit – ein konzeptioneller Vergleich

2.1 Die Rolle des Klienten in der Klientenzentrierten Beratung und in der Sozialen Arbeit

Wie bereits oben angemerkt scheint die Klientenzentrierte Beratung in der Sozialen Arbeit nur eingeschränkt anwendbar. Die trotz dieser Einschränkungen erstaunlich hohe Nutzungsrate Klientenzentrierter Beratung dürfte u.a. auf die überraschend große Übereinstimmung in einem bestimmten, grundlegenden Aspekt, nämlich der Sichtweise der Klientel, zurückzuführen sein.

Die Soziale Arbeit und die Klientenzentrierte Kommunikation und Beratung haben zwar recht unterschiedliche historische und theoretische Hintergründe. In der Praxis jedoch gibt es ganz deutliche Berührungspunkte. Beide gehen davon aus, dass die KlientIn Subjekt ihres Lebens ist und lernen muss und kann, diese Funktion (wieder) auszufüllen.

2.1.1 Die Soziale Arbeit und ihre Sicht auf das Subjekt KlientIn

„Sozialpädagogische Hilfen", so Böhnisch et al. (2005, S. 103), „lassen sich als gesellschaftlich institutionalisierte, lebensweltlich orientierte Reaktion auf psychosoziale Bewältigungsprobleme in der Folge gesellschaftlichen Wandels und darin enthaltener sozialer Desintegrationstendenzen verstehen". Die gesellschaftliche Dauerkrise muss sozusagen pädagogisch transformiert werden. „Die am Menschen orientierte sozialpädagogische Konstellation, die auf die sozial beschädigte Individualität des Menschen eingeht und aus seiner Betroffenheit heraus neue Formen des sozialen Anschlusses zu entwickeln versucht", macht nach Böhnisch et al. die Eigenständigkeit der Sozialpädagogik innerhalb der Sozialpolitik aus (vgl. ebenda, S. 103).

Diese Akzentuierung der Subjektrolle der Klientel erhält im Kontext der lebensweltlich orientierten Sozialen Arbeit, die sich als Antwort auf die zunehmenden Individualisierungstendenzen der kapitalistischen Gesellschaft in den 70er Jahren herausgebildet hat (vgl. Galuske 2002, S. 297 ff), ein besonderes Gewicht.

„Das seit Ende der 80ger Jahre unter dem Stichwort Lebensweltorientierung in der Sozialen Arbeit ... verbreitete Konzept einer biografisch und sozialräumlich sensiblen Sozialen Arbeit, ..., ist der exponierteste Ansatz, der unterschiedliche, in Praxis und Theorie vorfindbare Tendenzen einer gesellschaftlich aufgeklärten Subjektorientierung konzeptionell bündelt" (Galuske 2002, S. 298). Subjektorientierung bedeutet also, dass das Subjekt der KlientIn auf vielfältige Weise einen zentralen Stellenwert im sozialpädagogischen Prozess einnimmt. Die lebensweltorientierte Soziale Arbeit spricht vom „biografischen Eigensinn" der Klientel, den es wertzuschätzen und zu berücksichtigen gelte (vgl. z.B. auch Greese 1992, S. 142; Böhnisch et al. 2005, S.124; Herriger 2002, S. 71 ff.). Nach Thiersch wird vom Sozialarbeiter „Respekt vor den Verständnis- und Handlungsmustern der AdressatInnen in ihrer Lebenswelt gefordert (Thiersch 1991, S. 148; vgl. auch Galuske 2007). Herriger (2002, S. 74) spricht von einer „voraussetzungslosen Akzeptanz des Klienten wie auch seiner konflikthaften Lebensentwürfe" sowie vom notwendigen „Verzicht auf eng gefasste Hilfepläne und Zeithorizonte" und vom „Verzicht auf entmutigende Expertenurteile". Zur zentralen Zielperspektive wird somit der Begriff Empowerment (ebenda).

Sozialpädagogik gibt im Rahmen dieses lebensweltorientierten Selbstverständnisses Ziele und Lösungswege den KlientInnen also nicht (mehr) vor. Anders als die klassischen Ansätze der Sozialarbeit, die von einem gewachsenen Normalitätsstandard der Gesellschaft ausgingen und sich somit in der Lage sahen, von sich aus zu entscheiden, was eine KlientIn braucht, verzichtet die lebensweltorientierte Soziale Arbeit auf eine solche Setzung von Interventionszielen und geeigneten Interventionswegen. Stattdessen macht sie „Angebote, eröffnet Optionen, zwingt aber nicht" (Böhnisch et al. 2005, S. 122/3). Soziale Arbeit lässt sich somit auf Menschen in ihren Verhältnissen und ihren Biographien ein. Wie es z.B. Böhnisch et al. sagen: „auf die Komplexität von Lebenswelten, auf Lebensthemen, individuelle Prägungen, Situationen und Gelegenheiten (Böhnisch et al. 2005, S. 123). Sie erkennt die letztliche Entscheidungskompetenz der KlientInnen an und begibt sich auf den mühsamen Weg einer Aushandlung und Auseinandersetzung um die geeignete Hilfe oder um geeignete Lösungswege (vgl. Galuske 2002, S. 301; Herriger 2002).

Voraussetzung dafür, dass es überhaupt zu einer Aushandlung in diesem Sinne kommen kann, ist allerdings, dass es der SozialpädagogIn gelingt, „den biografischen Eigensinn, die individuellen Ausdrucks- und Verständigungsformen sowie die spezifischen materiellen, sozialen und emotionalen Bedürfnisse des Einzelfalls zu entschlüsseln", betont Galuske (2002, S. 300). Lebensweltorientierte Soziale Arbeit bedarf also eines methodischen Instrumentariums, das diesen biografischen Eigensinn erschließt, damit es möglich wird, einen „Fall" aus sich selber heraus zu verstehen. Herriger (2002, S.57) erläutert im Zusammenhang mit dem Phänomen der erlernten Hilflosigkeit die Notwendigkeit, die entsprechenden Attributionen der betroffenen Klienten kennen zu lernen. Attributionen, so Herriger, sind Prozesse der subjektiven Interpretation, Bewertung und Erklärung der erfahrenen Nichtkontrolle über das eigene Leben, also „Interpretationsprozesse der Erfahrungswelt" (ebenda, S. 57).

Schefold (1998, S.176 ff.) spricht in diesem Kontext vom „individuellen Hilfeplan", das sind all die Dispositionen, Erwartungen, Erfahrungen, Einstellungen und Hypothesen, die KlientInnen selber hinsichtlich einer möglichen Problemlage entwickelt haben und die als subjektive Steuerungsfaktoren jeden „offiziellen Hilfeplan" nachhaltig, aber nicht immer offen gelegt, beeinflussen (vgl. auch Müller, B. 2006, S. 92). Die Offenlegung individueller Hilfepläne ist für Schefold aber die Voraussetzung dafür, dass ein Hilfeprozess gelingen kann und für den Betroffenen zu seiner eigenen Angelegenheit wird. Er empfiehlt das narrative Interview bzw. eine Gestaltung der Einstiegsgespräche im Sinne der Klientenzentrierten Beratung, damit es gelingt, „die ganze Fallgestalt" (ebenda, S. 204) zu erfassen. Dann wird es möglich sein, die subjektive Sicht der KlientInnen auf ihre eigene Lebenssituation kennen zu lernen und sie im Weiteren Verlauf in den Aushandlungsprozess konstruktiv einbeziehen zu können.

So resümieren auch Böhnisch et al.: „Indem sich sozialpädagogische Arbeit so auf Menschen in ihren Verhältnissen und ihrer Biografie einlässt ... braucht Sozialpädagogik Zugänge, die die Sensibilität für die Situation in einer verantwortbaren, kontrollierbaren und das sozialpädagogische Handeln sichernden Verlässlichkeit verbinden. Die Maxime einer „strukturierten Offenheit" entwickelt und verdichtet sich zu einem kommunikativen Modell, das im Medium einer gemeinsamen Verhandlung mit der lebensweltlichen Bewertung der Anlässe möglicher Interventionen ansetzt (und) sich parteilich im Sinne des Verstehens der je subjektiven Bedeutung von Problemen begreift" (Böhnisch et al. 2005, S. 123).

Begriffe wie Fallverstehen und stellvertretende Deutung, rekonstruktive Sozialpädagogik, Biografiearbeit, Aushandlung und sozialpädagogische Beratung im Sinne einer „respektierenden Hilfe" weisen in die gleiche fachlich methodische Richtung (vgl. Böhnisch et al. 2005; Gildemeister/Robert 1997; v. Wensierski 1997; Völske 1997; Schefold 1998).

Im Rahmen der Subjektorientierung kann sich Sozialpädagogisches Handeln also nicht auf ein Handeln für die KlientInnen beschränken. Es ist vielmehr immer kommunikatives Handeln, ist immer Interaktion zwischen zwei Subjekten, ist immer Koproduktion (vgl. B. Müller 2006, S. 80f.). Damit sind im Rahmen sozialpädagogischen Handelns immer zwei Subjekte involviert und tätig und zwar, wie Merchel betont, zwei „prinzipiell gleichberechtigte Subjekte" (Merchel 1993, S. 58; vgl. auch Müller, B. 2006, S. 81). Diese Tatsache wird auch als „Koproduktionsprozess Sozialer Arbeit" bezeichnet. Hamburger geht in diesem Kontext mit Schaarschuch so weit, dass er die KlientIn als die eigentliche ProduzentIn Sozialer Arbeit ansieht (Hamburger 2003, S. 85; Schaarschuch 1999. S. 554).

Merchel bezeichnet die Herstellung von Betroffenenbeteiligung im Prozess einer Hilfeplanung als die entscheidende Komponente einer gelingenden sozial-pädagogischen Hilfe und erklärt sie damit zu einer zentralen sozialpädagogi-schen Aufgabe im Hilfeprozess selber (vgl. Merchel 1993, S. 58). Auch er for-dert dazu auf, „Kommunikationsformen zu entwickeln, die eine reale Beteiligung Betroffener erlauben und diese fördern (ebenda, S. 58).

2.1.2 Grundannahmen der Klientenzentrierten Kommunikation über die KlientIn und ihre möglichen Veränderungspotentiale

Als Klientenzentrierte Kommunikation wird im Folgenden die spezifische Kom-munikations- und Beziehungsstruktur bezeichnet, die der Klientenzentrierten Psychotherapie und ebenso der Klientenzentrierten Beratung gemeinsam sind.

Allgemeines Ziel der Klientenzentrierten Kommunikation ist es, dass die KlientIn sich über ihre gefühlsmäßigen Einstellungen, Bewertungen, Wünsche und Ziele klarer wird, dass sie sich mit ihren inneren Prozessen auseinander setzt und dass sie anfängt, selber aktiv nach Lösungen, neuen Sichtweisen und Wegen zur Lösung des vorhandenen Problems zu suchen. Diesen Prozess möchte ich als „innere Aushandlung" bezeichnen.

Rogers formulierte mit dem Begriff „Selbstaktualisierungstendenz" das sei-ner Meinung nach leitende Organisationsprinzip der menschlichen Entwicklung (vgl. Rogers 1948; Weinberger 2005). Nach Frenzel et al. „...geht Rogers davon aus, dass jedem Organismus eine zentrale, motivationale Kraft innewohnt, die in Richtung von Selbstentfaltung, Autonomie, Komplexität und Weiterentwicklung treibt" (Frenzel et al. 2001, S. 49). Diese gehört nach Sander zusammen mit dem ebenfalls zentralen menschlichen Bedürfnis danach, „angenommen zu werden" (vgl. hierzu auch Eckert et al. 2006), zu den entscheidenden Wirkfaktoren der Klientenzentrierten Beratung und Therapie (Sander 1999). Durch die Grundhal-tungen Akzeptanz, Empathie und Authentizität werden die Bedingungen ge-schaffen, die beim Gegenüber zur offeneren Auseinandersetzung mit den eigenen Erfahrungen, Wahrnehmungen, Gefühlen und dem Selbstkonzept führen und auf diese Weise Entwicklungspotentiale aktivieren (vgl. Rogers 1992, S. 23).

Weinberger drückt das für die Psychotherapievariante der Klientenzentrier-ten Kommunikation folgendermaßen aus: „Die Empathie des Therapeuten soll bewirken, dass der Klient seine Erfahrungen genauer und vollständiger symboli-siert und dass er eine erneute Abstimmung vornimmt zwischen diesen Erfahrun-gen und dem Konzept, das er von sich selber hat, d.h. seinem Selbstkonzept.

Unmittelbarer Ausdruck dieses Prozesses ist die Selbstexploration des Klienten, also die Intensität und Differenziertheit, mit der er über sein inneres Erleben und seine persönliche Betroffenheit spricht und sich zunehmend über sie klarer wird" (Weinberger 2005, S. 66). Diese Selbstexploration „... kann als Indikator für die Intensität angesehen werden, mit der sich der Klient um diesen Abstimmungs-prozess ... bemüht", erläutern Biermann-Ratjen et al. (2003, S. 20).

Tatsächlich ist der Prozess, den die Klientenzentrierte Kommunikation in der KlientIn freisetzt, genau das, was sie zur (Wieder)-Übernahme der Verant-wortung als die Zuständige für ihre eigene Lebensbewältigung und Lebenswelt anregt und letztlich befähigt. Die im Rahmen der Klientenzentrierten Beratung stattfindenden und induzierten Veränderungsprozesse im Empfinden und Verhal-ten der KlientIn sind in der Literatur vielfältig dargestellt worden (vgl. z.B. Bastine 1976, S. 125).

Im Detail kann der Prozess der Selbstexploration und Selbstaktivierung wie folgt beschrieben werden:

- Die KlientIn erlebt, dass ein anderer Mensch ihr aktiv zugewandt ist und großen Anteil an ihrer Person und ihren Emotionen nimmt.
- Sie erlebt die BeraterIn als Modell für einen offenen und entspannten Um-gang mit gefühlsmäßigen Erlebnisinhalten.
- Das Fehlen von Belehrung, Kritik, Bewertung befähigt die KlientIn, angstfrei und ohne Abwehrmaßnahmen über ihre Gefühle und Konflikte zu sprechen, sie abzuwägen und sich um eine Klärung zu bemühen (Selbstexploration).
- Die KlientIn nimmt ihre Empfindungen dadurch mit einer gewissen Distanz wahr.
- Diese ermöglicht es ihr, gewisse Einstellungen und Werthaltungen infrage zu stellen.
- Die KlientIn wird ständig zur Auseinandersetzung mit ihren Gefühlen und Empfindungen angeregt.
- Dabei nähert sie sich abwägenden, konkretisierenden und differenzierenden Erwägungen und Wahrnehmungen und kann schrittweise zur Klärung ihrer Konflikte kommen (vgl. Weinberger 2005, S. 63).

Rogers hebt hervor, dass das BeraterInnenverhalten hier quasi Modellcharakter hat für den Prozess, der in der KlientIn angestoßen wird: „Was sich in dem Klienten ereignet ist das Gegenstück zu dem, was im Therapeuten geschieht. Indem der Therapeut dem Klienten zuhört, wird der Klient mehr und mehr sich selbst zuhören; indem der Therapeut den Klienten mehr und mehr mit einer be-dingungsfreien Anteilnahme wertschätzt, beginnt sich der Selbstwert des Klien-ten zu entwickeln" (Rogers, 1992, S. 28).

2.1.3 Professionelle Annäherungen an das Subjekt KlientIn – ein Vergleich

Wie oben festgestellt, wird die Klientenzentrierte Gesprächsführung in der sozialpädagogischen Fachliteratur als in besonderer Weise geeignet angesehen, das Fallverstehen, die Rekonstruktion der Lebenswirklichkeit der KlientIn durch die KlientIn sowie eine bisubjektive Handlungsstruktur zu ermöglichen (vgl. z.B. Galuske 2007; Völske 1997; Schefold 1998; Merchel 1993). So betont etwa auch Straumann: „Personenzentrierte Gespräche ermöglichen oder erleichtern es, überhaupt zu verstehen, wie die einzelne Person sich selbst und wie sie ihre Umwelt erlebt. Damit erlauben sie es Beratern, sich auf die subjektive Situations- und Problemsicht der zu beratenden Person akzeptierend einzulassen", (Straumann 2000, S. 101).)

Die Grundhaltung „Empathie", d.h. die Konzentration auf Empfindungen, Vorstellungen, Einstellungen und Werte der KlientIn und der Versuch, diese vom Bezugspunkt der KlientIn her zu verstehen und ihr dieses Verstehen möglichst präzise mitzuteilen, korrespondiert ganz offensichtlich mit dem, was in der Sozialpädagogik unter Fallverstehen, stellvertretender Falldeutung und rekonstruktiver Sozialpädagogik verstanden wird.

Hinzu kommt eine ähnliche Sicht auf die Rolle, die der einzelne Mensch im Blick auf seine jeweilige Lebenswelt inne hat:

Wie oben bereits erläutert, geht die Soziale Arbeit im Kontext der Lebensweltorientierung und Subjektorientierung von der Annahme aus, dass jeder Mensch „der Manager seines Lebens" sei, dass er besser als jeder außen Stehende in der Lage sei, für sich die angemessenen Ziele, Wege und Lösungen für seine Probleme zu entwickeln.

Herriger erläutert z.B. die Ressourcenorientierung, ein grundlegendes Handlungsprinzip der lebensweltorientierten Sozialen Arbeit, wie folgt: „Das Subjektmodell des Empowerment-Konzeptes" wird „getragen von dem festen Glauben an die Fähigkeiten des Individuums, in eigener Kraft ein Mehr an Autonomie, Selbstverwirklichung und Lebenssouveränität zu erstreiten, und dies auch dort, wo das Lebensmanagement der Adressaten sozialer Hilfe unter einer Schicht von Abhängigkeit, Resignation und ohnmächtiger Gegenwehr verschüttet ist." (Herriger 2002, S. 71 ff). Er nennt als erste von „sechs Bausteinen" für eine gelingende Ressourcenorientierung das „Vertrauen in die Fähigkeiten jedes Einzelnen zu Selbstgestaltung und gelingendem Lebensmanagement" (ebenda, S. 73). Herrigers folgende Aussagen erinnern verblüffend an die Roger'schen Grundannahmen: „Menschen tragen das Potential zu ihrer Selbstaktualisierung in sich; sie verfügen ... über das Rüstzeug zu einem nach eigenen Maßstäben gelingenden Lebensmanagement" (Herriger, 2002 S. 72). Er zitiert in diesem Zusammenhang Weik (1992, S. 24): „Diese Perspektive nimmt an, dass jede Person eine innere

Kraft besitzt, die man als ‚Lebenskraft', ‚Fähigkeit zur Lebenstransformation', ‚Lebensenergie', ‚Spiritualität', ‚regenerative oder heilende Kraft' bezeichnen mag. Diese und andere Begriffe verweisen auf eine noch ungeklärte, vermutlich biologisch begründete, lebenssprühende Qualität, die ein unabdingbares Element menschlicher Existenz ist. Der Prozess des Empowerment weckt oder stimuliert diese eigene natürliche Kraft des Einzelnen" (zitiert nach Herriger 2002, S. 71).

So gehört z.b. auch für Gehrmann und Müller zur modernen Sozialen Arbeit „das Menschenbild, dass jeder Mensch ein Selbsthilfepotential besitzt und dass er es auch selbst entwickeln kann" (Gehrmann/Müller 1998, S. 68).

Die Klientenzentrierte Kommunikation geht, wie bereits erläutert, von der sehr ähnlichen Grundannahme aus, dass Menschen grundsätzlich die Kraft entwickeln können, ihr Leben selbst zu steuern und zu bewältigen. Rogers stützt seine Arbeit auf die Grundannahme, dass jede KlientIn in sich die Fähigkeit habe, sich in konstruktiver Weise zu entwickeln (Selbstaktualisierungstendenz; vgl. Rogers 2005).

In beiden Fällen wird also dem Subjekt von der BeraterIn das „Verstehen des Sachverhaltes aus Sicht des Klienten" angeboten. Damit erhält die Sicht der KlientIn selber im Rahmen beider Konzepten die zentrale Rolle für den angestrebten Veränderungsprozess.

Diese korrespondierende theoretische Grundlage von Sozialer Arbeit und Klientenzentrierter Kommunikation wird z.B auch von Galuske (2007; S. 183) hervorgehoben. Die Klientenzentrierte Methode sei deshalb, so stellt Galuske fest, besonders geeignet, persönliche Verarbeitung und Aneignung von neuen Informationen und neuen Erfahrungen zu ermöglichen und zu unterstützen (ebenda).

2.2 Auf dem Prüfstand: Klientenzentrierte Beratung im Kontext der Sozialen Arbeit

Wie schon weiter oben angedeutet, ist die Anwendung der Klientenzentrierten Beratung im Kontext Sozialer Arbeit trotz dieser Ähnlichkeit der Grundannahmen über die potentiellen Entwicklungsmöglichkeiten der KlientInnen nicht immer erfolgreich und anscheinend auch nicht immer sinnvoll.

Im folgenden Kapitel soll deshalb die Frage gestellt und im ersten Anlauf beantwortet werden, worin die Grenzen für die Einsetzbarkeit dieser Beratungsmethode innerhalb der Sozialen Arbeit begründet sind.

2.2.1 Zur Frage der Alltagstauglichkeit der Klientenzentrierten Beratung

Bei aller Anerkennung der Übereinstimmung beider Ansätze bezüglich der Grundannahmen zur Subjektrolle der Klientel kritisiert Galuske die Anwendung der Klientenzentrierten Gesprächsführung in der Sozialen Arbeit insbesondere mit Blick auf die folgenden zwei Aspekte:

- die alltagsferne Situation ihrer therapeutisch orientierten Interaktion,
- die einseitige Thematisierung psychischer Problemlagen und inner- oder intrapsychischer Themen (vgl. Galuske 2007, S. 183)

Seine Schlussfolgerung lautet: Klientenzentrierte Beratung ist in manchen Situationen sozialpädagogischen Handelns durchaus angebracht und hilfreich, in anderen aber unsinnig und unbrauchbar. Diese These soll im Weiteren diskutiert und hinterfragt werden.

Die Unterschiede zwischen psychologischer und sozialpädagogischer Beratung werden zu Recht von verschiedenen Autoren betont und der Hinweis auf die weitgehende Unfähigkeit psychologischer Beratungssettings, auf Alltagsprobleme und ihre lebensweltliche Eingebundenheit wirklich eingehen zu können, ist durchaus gerechtfertigt. So wendet sich Thiersch in seinen Überlegungen zur „Moral der institutionalisierten Beratung" (Thiersch 1989) vehement gegen eine Anwendung von Beratung mit therapeutischem Setting innerhalb der Sozialen Arbeit. Dies führe unweigerlich zu einem verkürzten Beratungsverständnis. Ein therapeutisches Setting bestimme, so Thiersch, (1989, S. 185) die Bedingungen, die Menschen erfüllen müssen, damit ihnen geholfen werden kann. Dies bezeichnet er als „geheime Moral der Beratung". Der „Idealkonsument" dieser Beratungssettings, der Typ des „homo consultabilis" sei „hilfsbedürftig", „geeignet" für Beratung und gewillt, sich auf das Beratungsangebot bedingungslos einzulassen. Als Gegenprogramm zu einer Beratung dieser therapeutischen Art, so Thiersch, drängt sich die Notwendigkeit der Öffnung der Beratung „in Bezug auf Adressaten, Methoden und Umfeld" (1989, S. 189) auf.

Diese für eine alltagsorientierte Soziale Arbeit erforderliche Öffnung bezieht sich nach Thiersch auf folgende Aspekte:

- Öffnung für alle, die in Nöten sind (gegen Selektion),
- Öffnung hin auf methodische Vielfalt (gegen methodische Vorfestlegung),
- Öffnung hin zu lebenspraktischen, instrumentellen wie auch gesellschaftlich-politischen Problemen (gegen die enge Rekonstruktion von Lebensproblemen auf psychisch-kommunikative Vorgänge),

- Öffnung auch für KlientInnen mit geringer Motivation (gegen die Selektion von KlientInnen mit intrinsischem Leidensdruck und hinreichenden Ressourcen),
- Öffnung für KlientInnen mit ungünstigen Zugangsmöglichkeiten und Angebot im Lebensfeld selber (gegen die institutionelle Abgrenzung im geschützten Raum).

Ich halte die Kritik, die Thiersch und z.B. Galuske (vgl. auch Sickendiek et al. 2002, S. 169) an einer unkritischen Anwendung therapeutischer Verfahren im Bereich der Sozialen Arbeit – hier der Klientenzentrierten Gesprächspsychotherapie – üben, für durchaus angemessen. Hier trifft wie bei allen anderen psychotherapeutischen Verfahren, die im Kontext der Sozialen Arbeit eingesetzt werden, zu, dass das therapeutische Setting der strukturierten Offenheit des sozialpädagogischen Handelns und in den meisten Fällen auch den Möglichkeiten und Voraussetzungen der Klientel nicht gerecht wird.

Beratung und eben auch die Klientenzentrierte Beratung müssten, wollen sie auch innerhalb der Sozialen Arbeit hilfreich und wirksam sein, ein neues methodisches Setting entwickeln, das offen ist für alle denkbaren sozialen wie psychischen Problemlagen und ebenso für alle möglichen KlientInnen, auch für diejenigen, die wenig motiviert sind und Schwellenängste bei der Inanspruchnahme klassischer Beratungsangebote haben.

Es scheint durchaus nicht erforderlich, die Klientenzentrierte Kommunikation und Beratung grundsätzlich mit einem therapeutischen Setting in Verbindung zu bringen. Sowohl die Anwendung der Klientenzentrierten Kommunikation als eines methodischen Vorgehens als auch die beraterische Grundhaltung setzen dieses Setting keineswegs voraus. Schon Tausch und Tausch (1991) hatten sehr früh erkannt, dass die Klientenzentrierte Gesprächsführung ebenso für pädagogische Prozesse in Schule, Kindergarten und Hochschule hilfreich ist und sie haben dort entsprechende Zusammenhänge nachgewiesen. Straumann weist darauf hin, dass Rogers davon ausging, dass diese „hilfreiche psychotherapeutische Beziehung nur ein spezieller Fall der allgemeinen Bedingungen zwischenmenschlicher Beziehungen seien und dass die gleichen Gesetzmäßigkeiten für alle als konstruktiv und hilfreich erlebten Beziehungen gelten" (Straumann 2000, S. 98; vgl. auch Rogers 1992; Rogers 2005; Sander 1999, S. 98). Die weiter oben beschriebene Wirkung der Klientenzentrierten Kommunikation ist damit keineswegs auf therapeutische Settings beschränkt.

Im Rahmen des Konzeptentwurfes „Engaging" wird weiter unten versucht, für die Klientenzentrierte Beratung Alltagstauglichkeit nachzuweisen, wie sie von Thiersch (1989, S.189) gefordert wird.

Ein weiterer wichtiger Aspekt der Kritik an dem Einsatz der gängigen Klientenzentrierten Beratung innerhalb der Sozialen Arbeit, der unter anderen ebenfalls von Galuske hervorgehoben wird (Galuske 2007, S. 183), richtet sich gegen die vermeintlich notwendige Beschränkung der Klientenzentrierten Kommunikation auf innerpsychische Themen. Soziale Beratung, so wird argumentiert, kann und will sich im Unterschied zur Psychotherapie und, wie er meint, eben auch zur Klientenzentrierten Beratung nicht auf psychische Schlüsselprobleme beschränken, sondern sollte stattdessen bereit und in der Lage sein, den jeweiligen Menschen in seiner komplexen Lebenswelt wahrzunehmen. Diese enthält über die individuelle Persönlichkeit hinaus die sozialen Netze und Lebensbedingungen des jeweiligen Menschen, die Sozialräume, in denen er sich bewegt und seine materiellen wie kommunikativen Ressourcen und Problemlagen. Es kann daher nicht angehen, in der Sozialen Arbeit „die komplexen lebensweltlichen Beziehungskonstellationen" außer Acht zu lassen, so argumentiert z.B. auch Kleve (1999, S. 123).

Hier ist Kleve unbedingt zuzustimmen. Soziale Beratung hat zweifellos nicht ausschließlich innerpsychische Problemlagen wie z.B. inneres Erleben, Beziehungen oder das Selbstkonzept zum Thema, obwohl auch solche Themen durchaus in der Sozialen Arbeit anstehen und aufgegriffen werden müssen. Ohne Frage geht es in der Sozialen Arbeit auch nicht immer und ausschließlich nur um Themen und Problemlagen, die unmittelbar emotional bedeutsam sind. Es wird vielmehr auch informiert, es wird konkretes Handeln entwickelt und umgesetzt und es geht auch um die Besprechung sachlicher Themen und die Aushandlung von sachbezogenen Strategien. Eine Reduktion der Sozialen Arbeit auf ausschließlich psychologische Themen käme einer untragbaren Verengung gleich (vgl. z.B. Meinhold 2006, S. 67).

Akzeptanz, Empathie und Authentizität als Kommunikationsmerkmale einer Interaktion sind jedoch nicht an psychologische oder unmittelbar gefühlsmäßig besetzte Themen und Problemlagen gebunden. Wie ich weiter unten ausführlicher erläutern werde, sind sie als Grundhaltungen und als spezifische Kommunikationsangebote auch in allen anderen sozialarbeiterischen Handlungszusammenhängen wichtig und möglich.

Ich werde versuchen zu zeigen, dass Klientenzentrierte Beratung durchaus in der Lage ist, auch im Kontext anderer Beratungsinterventionen und sogar im Rahmen der Besprechung von Sachthemen ihren beraterischen Beitrag im Sinne von Empowerment zu leisten.

2.2.2 Fachliche Herausforderungen und Anforderungen in der Sozialen Beratung

Erfahrungsgemäß und wie schon erwähnt scheitert die Umsetzung der Klienten-zentrierten Beratung in der Praxis häufig an den spezifischen Bedingen der Sozialen Arbeit. Im Wesentlichen handelt es um folgende Bedingungen, die den Einsatz Klientenzentrierter Beratung in der Sozialen Arbeit erschweren oder scheinbar verunmöglichen:

2.2.2.1 Die Klientel der Sozialen Arbeit ist oft für Beratung nicht motiviert

Eher selten treffen wir in der Sozialen Arbeit die „IdealklientIn" an, die hilfebe-dürftig ist und die sich willig auf einen Beratungszusammenhang einlässt oder Beratung gar aktiv aufsucht. Die Klientel der Sozialen Arbeit ist auch keineswegs immer bereit und in der Lage, ihre Probleme zu verbalisieren. Mitunter scheint sie gar keine Probleme zu haben, leugnet scheinbar offen liegende Problemlagen oder identifiziert gänzlich andere Probleme als die Fachleute. Hinzu kommt, dass KlientInnen der Sozialen Arbeit selten aus freien Stücken und deshalb oft mit Misstrauen und Ängsten belastet in einen Beratungsprozess eintreten.

„Viele Klienten haben es mit der Sozialen Arbeit zu tun, weil sie dazu ge-zwungen sind, weil sie mühsam einer Einsicht folgen, die nicht den eigenen Argumenten entspringt. Mit diesen Klienten gut zu arbeiten gehört zum Schwersten in der Profession", bemerken Gehrmann und Müller. (2002, S. 13).

Wie wird dieses Problem in der Literatur zur Klientenzentrierten Beratung bewertet? Tatsächlich wird in der Fachliteratur sowohl für die Klientenzentrierte Psychotherapie als auch für die Klientenzentrierte Beratung von einem Bera-tungsbedürfnis bei der KlientIn als Voraussetzung für eine gelingende Hilfe ausgegangen. Damit die Angebote in Anspruch genommen werden, müssen sich z.B. nach Eckert et al. (2006, S. 334) „die Menschen ihrer Schwäche und Hilfs-bedürftigkeit erst bewusst werden und sie müssen sie akzeptieren". Nicht moti-vierte Klienten und solche, die z.B. eine ausgeprägte Neigung haben „die Kon-trolle von Ereignissen externen Instanzen zuzuschreiben" oder die eine „schnelle aber nachhaltige Wirkungen" erwarten, „ohne die Mühe der Veränderung oder die Verantwortung dafür auf sich zu nehmen (Eckert et al. 2006, 346f), werden nach Meinung dieser Autoren nicht von einer Klientenzentrierten Beratung profi-tieren können.

Thiersch fordert zu Recht (Thiersch 1989): wenn der „homo consultabilis", den ein Beratungsverfahren im Rahmen seines etablierten eher therapeutischen Settings benötigt, nicht zur Verfügung steht, so muss sich Beratung eben mit den

Menschen und ihren Bedingtheiten arrangieren, die sie vorfindet. Es sollte nicht hingenommen werden, dass eine KlientIn sich durch ihre spezifischen Ausgangsbedingungen und ihr spezifisches Verhalten für eine Hilfe disqualifiziert, die eigentlich geeignet wäre, ihr eine angemessene Hilfestellung zu geben. Die Frage ist, ob Klientenzentrierte Beratung diese Hürde überwinden kann.

2.2.2.2 Soziale Arbeit beinhaltet auch Konfrontationen und Eingriffe

Dem bloßen Verstehen scheint in der Sozialen Arbeit schon durch die Notwendigkeit eine Grenze gesetzt, die KlientInnen immer wieder mit eher unerfreulichen Tatsachen oder Informationen konfrontieren zu müssen. Der KlientIn die Wahrheit zu sagen, ihr reinen Wein einzuschenken, sie mit der Wirklichkeit zu konfrontieren, all das kann in der Sozialen Arbeit notwendig sein. Zudem bringt das Doppelte Mandat es mit sich, dass Entscheidungen, Beschlüsse, gesetzliche Anordnungen durch- und umgesetzt werden müssen. Nicht selten gilt es auch, Gefährdungen für andere oder die KlientIn selber einzudämmen oder abzuwenden. Hinzu kommen Situationen, wie sie z.B. in der Heimerziehung an der Tagesordnung sind, in denen die SozialarbeiterIn Grenzen setzen, Sanktionen ausüben und Strafen austeilen muss, um bestimmte Verhaltensweisen abzustellen.

In solchen Konstellationen befindet sich die SozialarbeiterIn in den Augen der Klientel zwangsläufig nicht in der Rolle der verstehenden HelferIn, sondern in der der ungeliebten ÜberbringerIn einer schlimmen oder zumindest unangenehmen Botschaft. Nicht selten kommt sie sogar in die Rolle der Kontrollierenden und derjenigen, die Macht ausübt, die Leid, Verletzung, Einschränkung oder Strafe zufügt. Ist das Konfrontieren eine Grenzmarke für den möglichen Einsatz Klientenzentrierter Kommunikation?

2.2.2.3 Alltagsorientierung erfordert Arbeit im Feld und methodische Offenheit

Im Unterschied zu einer Psychotherapie, in der im Rahmen des Konzeptes sowohl das Setting als auch die Methoden festgelegt sind (vgl. z.B. Galuske 2007, S. 133), geht es in der Sozialen Arbeit darum, je nach der spezifischen Situation, in Abstimmung mit den Zielen und unter Berücksichtigung der Ressourcen der KlientInnen (vgl. Geißler/Hege 2001, S. 22ff; Galuske 2007; Böhnisch et al. 2005) die jeweils geeignete Methode herauszufinden und im konkreten Fall anzuwenden. Eine vorgegebene Beschränkung auf eine bestimmte Methode – und sei es auf die Klientenzentrierte Beratung – wäre also in der Sozialen Arbeit undenkbar. Der in der Sozialen Arbeit bewusst geübte Methodeneklektizismus (vgl. Sickendiek et al.

2002, S. 223) bzw. die erforderliche Methodenoffenheit (Thiersch 1993) verlangen eine hohe Flexibilität und bieten die Voraussetzungen für ein klientenorientiertes Vorgehen, das die Methode nach den KlientInnen und nicht die KlientInnen nach den (verfügbaren oder bevorzugten) Methoden ausrichtet.

Stellt sich somit die Klientenzentrierte Beratung als eine mögliche Alternative zu anderen Methoden dar? Ist sie vereinbar mit einem Methodeneklektizismus?

2.2.2.4   Soziale Arbeit geht über die Bearbeitung psychischer Themen hinaus

Thiersch stellt fest (1989), dass die sozialpädagogische Beratung nah an den konkreten Lebensrealitäten angesiedelt ist bzw. mit ihnen unweigerlich konfrontiert wird. Neben einer Veränderung der Sichtweise, der Einstellungen, der Verhaltensweisen und der Perspektiven der KlientInnen sind in der sozialpädagogischen Beratung auch Veränderungen der äußeren Problemstruktur zu diskutieren und einzuleiten. Deshalb muss, so folgert z.B. Sander, sozialpädagogische Beratung neben den „individuumbezogenen Unterstützungen" auch eine Vielzahl von „umgebungsbezogene Interventionen" leisten (Sander 1999).

Es geht in der Sozialen Arbeit also nicht nur um die persönliche Befindlichkeit des Adressaten, sondern oft um ganz konkrete Fakten, Informationen, Angebote und Aushandlungsgegenstände. Wendt (1995) spricht von einer „handfesten Bewirtschaftung von Lebensbedürfnissen". Diese erfordert methodisch gesehen auch Fragen, Interventionen, Stellungnahmen, Handlungsplanungen, diese verlangt von der SozialarbeiterIn auch, zu informieren, zu begleiten, zu vermitteln usw. Damit muss die HelferIn in der Sozialen Arbeit die Rolle der aktiv Zuhörenden, die sich auf das Verbalisieren emotionaler Erlebnisinhalte beschränken und der KlientIn in erster Linie Verstehen anbieten kann, immer wieder und auf langen Strecken ihrer Arbeit verlassen.

Heron (1990) unterscheidet auf der einen Seite die „unterstützenden Methoden", die karthatischen und katalytischen Beratungsformen, die „die KlientInnen dazu anregen, ihre Emotionen und Bedürfnisse auszudrücken sowie ihre Perspektiven zu erweitern." Diese Beratungsformen bedienen sich im Wesentlichen eines „nicht-lenkenden Stils" und sollen „befähigend" wirken. Dem stehen Methoden gegenüber wie „Anleiten und Vorschreiben", „Informieren" und „Konfrontieren". Diese Gesprächsformen bedienen sich in der Regel eines stark lenkenden Beratungsstils. Beide Beratungsformen sind in der Sozialen Arbeit notwendig (zitiert nach Meinhold 2006, S. 61).

Auch Straumann differenziert in der Sozialen Beratung zwischen „subjektbezogener Beratung", bei der es um psychisch relevante Themen geht und der Beratung als „Informationsvermittlung", die nicht die Person der KlientIn im Blick hat, sondern sachliche Themen und Zusammenhänge (Straumann, 2000, S. 68).

Ist mit diesen Unterscheidungen die Grenze der Einsetzbarkeit Klienten-zentrierter Kommunikation markiert?

3 Engaging – Weiterentwicklung der Klientenzentrierten Beratung für die Soziale Arbeit

Ausgehend von den oben beschriebenen spezifischen Optionen der Klientenzentrierten Beratung für eine Bemündigung und Subjektorientierung der Betroffenen einerseits und andererseits ausgehend von den spezifischen Herausforderungen an Beratung im sozialarbeiterischen Handlungskontext soll nun versucht werden, eine Konzeption zu entwickeln, die die Klientenzentrierte Beratung für das spezifische Handlungsfeld Soziale Arbeit als geeignet ausweist.

3.1 Setting und Anlass alltagsorientierter Klientenzentrierter Kommunikation

Ganz generell stellt sich die Frage nach der Alltagstauglichkeit der Klientenzentrierten Beratung zunächst hinsichtlich ihres Settings. Alltagsorientierte Beratung bedeutet nach Sickendiek et al. „auch die Suche nach Organisationsformen von Beratung, die das Problem der (geringen, E. d. V.) Akzeptanz seitens der Rat suchenden reflektieren, niedrigschwellig organisiert sind und keine „Berührungsängste" erzeugen" (Sickendiek et al. 2002, S. 174).

Nun ist das Praktizieren Klientenzentrierter Kommunikation durchaus nicht an einen geschützten, institutionalisierten Raum gebunden, sondern überall und in allen Lebenssituationen möglich. Sie ist von Rogers und Tausch als eine ganz allgemeine Methode zwischenmenschlicher Kommunikation ausgewiesen. Die Klientenzentrierte Gesprächspsychotherapie ist mit ihrem Setting sozusagen nur der psychotherapeutische Spezialfall dieser Art der Kommunikation (vgl. Rogers 2005; Tausch/Tausch 1991; Straumann 2000; Sickendiek et al. 2002). Klientenzentrierte Kommunikation kann z.B. auch die geeignete Methode im Zusammenhang mit zugehender Arbeit sein (z.B. Sozialpädagogische Familienhilfe), ebenso aber auch Methode eines offenen Beratungsangebotes, das zwar aufgesucht werden muss und von daher sehr wohl Eigeninitiative verlangt, sich aber in Kontexten anbietet, die niedrigschwellig sind und nicht als fremd oder institutionalisiert erlebt werden wie z.B. ein Stadtteilzentrum oder eine Kontaktstelle im

Einkaufszentrum (vgl. Sickendiek et al. 2002, S. 173). Klientenzentrierte Beratung stellt, so verstanden, an die Klientel keine Bedingungen, wie sie ein therapeutisches Setting verlangt wie etwa das Einhalten konkreter Termine oder die Fähigkeit, für die Beratung eine Einrichtung aufsuchen zu müssen.

Anlass für Klientenzentrierte Beratung kann praktisch alles sein, was Menschen in ihrem Alltag bewegt, betrifft, was sie behindert oder ihnen schwer fällt, wo sie nicht weiter wissen oder wo sie Entscheidungen treffen müssen. Es geht in der Klientenzentrierten Beratung nicht um das Heilen von Krankheiten oder um die Besserung oder gar Heilung psychischer oder psychosomatischer Störungen, sondern erst einmal um die Übernahme von Selbstverantwortung und Verantwortung für andere, um eine Zunahme an Lern- und Lebensfreude und um den Abbau von Wachstumsblockierungen. (vgl. z.B. auch die Darstellung der beratungsinduzierten Persönlichkeits- und Verhaltensänderung bei Sander, 1999, S. 76). Ihr Ziel ist somit keineswegs Therapie (wie etwa in der therapeutischen Variante der Klientenzentrierten Kommunikation) sondern Lebensbewältigung.

3.2 Motivierung scheinbar nicht motivierter KlientInnen

Eine begrenzte Bereitschaft für Beratung oder auch das Fehlen einer angemessenen Beratungsmotivation der Klientel ist der sozialpädagogische Normalfall.

Die klassische Beratungssituation mit ihrem eher therapeutischem Setting setzt wie alle psychotherapeutischen Methoden jenen oben schon erwähnten homo consultabilis (vgl. Thiersch, 1989) voraus, eine engagierte, motivierte KlientIn, die schon ein gewisses Maß an Bereitschaft und die Fähigkeit zur Selbstexploration mitbringt, die ein persönliches Interesse an der Lösung ihrer Probleme hat und die diese auch als ihre eigenen Probleme ansieht. Sie sollte dazu bereit und in der Lage sein, sich an das klassische Setting und seinen organisatorischen Rahmen anzupassen und entsprechend aktiv mitmachen. Das Selbstverständnis der KlientIn als Subjekt ihres Lebens und ihrer Problemlagen, als verantwortlicher und auf Veränderung orientierter Mensch, wird hier ganz offensichtlich bereits vorausgesetzt und kann auch in aller Regel vorausgesetzt werden.

Insbesondere in den Feldern Sozialer Arbeit, in denen KlientInnen nicht von sich aus eine Beratung aufsuchen, sondern durch die Umstände oder äußeren Druck dazu gedrängt werden, das zu tun, sind diese Voraussetzungen nicht gegeben.

Wie gezeigt wurde, werden aber auch für die Klientenzentrierte Beratung, wie sie in der Literatur vorgestellt wird (vgl. z.B. Eckert et al. 2006) Voraussetzungen für die Motivation der Klientel formuliert. Es wird zwar davon gesprochen, dass sich im Verlaufe der Beratung Widerstände bei KlientInnen und BeraterInnen aufbauen können. Zur Auflösung dieser Widerstände wird dann von den Autoren konsequenterweise der Einsatz von Methoden der Klientenzentrierten Beratung empfohlen: „Der Berater kann diese Wahrnehmung zum Anlass nehmen, dem Rat suchenden zu vermitteln, dass der die Grenze des Rat suchenden verstanden habe und auf der Grenze zu verweilen bereit sei (ebenda, S. 368). Widerstände gegen Beratung aber, die schon vor Beratungsbeginn vorliegen, bleiben unerwähnt und undiskutiert und werden nicht methodisch hinterfragt.

Die Frage, ob und wie anders Klientenzentrierte Beratung mit dieser Ausgangslage Sozialer Arbeit umgehen kann, wird zu klären sein.

3.2.1 Motivationale Ausgangslagen in der Sozialen Beratung

Viele KlientInnen der Sozialen Arbeit kommen also nicht freiwillig, sie sind gezwungen, entweder durch die Umstände, durch Dritte oder durch gesetzliche Bestimmungen (vgl. Lüssi 1991, S. 101). Und nicht selten stehen KlientInnen der sozialarbeiterischen Beratungssituation eher skeptisch, wenn nicht gar misstrauisch gegenüber.

Zum Alltag Sozialer Arbeit gehört es außerdem, dass Probleme, die für die sozialpädagogischen Fachkräfte offensichtlich sind (z.B. Kindeswohlgefährdung), von den Betroffenen nicht gesehen oder auch geleugnet werden. Thiersch schließt aus dieser Tatsache, dass Beratungsfähigkeit und Beratungsbereitschaft z.T. in der Sozialen Arbeit deshalb erst hergestellt werden müssen (Thiersch 1989).

Nun gibt es in der Sozialen Arbeit keineswegs „die" nicht motivierten KlientInnen, sondern eine Vielzahl von unterschiedlichen Motivationslagen, die aber allesamt nicht der intrinsisch motivierten KlientIn einer klassischen Beratung oder Psychotherapie entsprechen.

Es gibt zum einen die nicht motivierte Klientel, die gegen ihren Willen, gezwungener Maßen, zur Beratung erscheint. Viele sind „geschickt", „überwiesen", ohne, dass sie selber eine Beratung haben möchten. Oft sehen sie das Problem gar nicht, wegen dem die SozialpädagogIn das Gespräch führen möchte. Und nicht selten sind Klienten auch misstrauisch und ängstlich und lassen sich nur schwer auf eine Vertrauensbasis ein.

Neben der mangelnden Motivation für Beratung stellen in der Sozialen Arbeit oft auch unangemessene Erwartungen der KlientInnen an die Beratung, an ihren Ablauf oder ihr Ergebnis, eine große Schwierigkeit für den Beratungseinstieg und -verlauf dar. Die KlientIn kommt dabei möglicherweise durchaus motiviert zur BeraterIn und sucht Unterstützung und Hilfe, ist aber nicht bereit oder darauf eingestellt, sich an dem Prozess der Lösungssuche aktiv zu beteiligen oder sie hat ganz und gar eigene, im Widerspruch zu bestehenden Entscheidungen oder Fakten stehende Vorstellungen von einer Lösung.

3.2.2 Allgemeiner Umgang mit nicht motivierten KlientInnen im Rahmen des Engaging

Unterschiedliche sozialarbeiterische Konzepte und Praktiken reagieren sehr verschieden auf diese durchaus üblichen motivationalen Ausgangssituationen. Die Lebensweltorientierung distanziert sich von früheren und gegenwärtigen fürsorgerischen und autoritären Hilfekonzepten und ist bemüht, nicht motivierte KlientInnen zu motivieren, weil anders ein Koproduktionsprozess, eine aktive und subjektive Beteiligung der Betroffenen und damit eine nachhaltige Hilfe nicht möglich werden.

Eine Verweigerung von Hilfe aufgrund mangelnder Problemsicht oder Motivation kommt für die lebensweltlich orientierte Soziale Arbeit nicht infrage. Damit bleibt aber „Sozialer Arbeit ... nichts anders übrig, als die Hilfe brauchenden Menschen immer wieder zu motivieren, ihnen zur Einsicht zu verhelfen, sie zu überzeugen und zu Schritten zu bewegen", stellen z.B. Gehrmann und Müller (1998, S. 3) fest. An anderer Stelle betonen diese Autoren, dass eine Sozialarbeit, „die langfristig Verhaltensänderungen herbeiführen will, ... dies nicht durch Zwangsmaßnahmen erreichen kann" (2007, S. 19).

So weist z.B. auch Thiersch (1989) zurecht darauf hin, dass in der Sozialen Arbeit die Beratungsfähigkeit der Klientel z.T. erst noch hergestellt werden muss (ebenda, S. 41). Auch Gehrmann und Müller (2002) gehen von der grundlegenden Erkenntnis aus: Will man im Sozialen Arbeitsfeld mit Beratungsmethoden arbeiten, so wird man in sehr vielen Fällen auf die weiter oben genannten und immer wieder für Beratung geforderten Motivationsvoraussetzungen verzichten müssen. Beratung in der Sozialen Arbeit bedeutet damit, dass – neben der „eigentlichen" Problembewältigung – bei vielen KlientInnen erst einmal Beratungsmotivation und Beratungsbereitschaft zu entwickeln sind.

Beratung in der Sozialen Arbeit muss sich erst einmal ihre eigenen Voraussetzungen schaffen, nämlich die Bereitschaft der KlientIn erarbeiten, in das Beratungsgespräch einzusteigen, dabei zu bleiben und es als ihre eigene Angelegenheit, als eine hilfreiche Möglichkeit zur Problembewältigung zu begreifen. Auch Weinberger betont, dass nicht-direktive Beratung in der Sozialen Arbeit meist unter motivational anderen Bedingungen vollzogen werden muss (Weinberger 1994, S 32).

Trotz dieser allgemeinen Einsicht gibt es nur vereinzelt Autoren in der Sozialpädagogischen Fachliteratur, die sich speziell mit dieser Aufgabe befassen. Eine Ausnahme sind Gehrmann und Müller (2007), die die Notwendigkeit, gerade auch mit nicht-motivierter Klientel aktivierend umzugehen, nicht nur betonen, sondern die auch versuchen, methodische Wege für dieses Ziel aufzuzeigen. Gehrmann und Müller verstehen die notwendige Einstiegsmotivierung als eine

Art Umwerbungsphase der Klientel (hier: der Familien; im Programm ‚Familie im Mittelpunkt'; Gehrmann/Müller 2008, S 115). An dieser Stelle taucht bei ihnen der Begriff des „Engaging" auf: „Die Annahme eines sozialen Hilfeprogramms durch die Kunden kann nicht angeordnet werden. Die Kunden müssen im Einzelfall davon überzeugt werden, dass eine Intervention in ihrem Interesse ist. Dies geschieht bei diesem Programm ausdrücklich in der Phase des Engaging."

Auch bei Buchholz-Graf findet sich in diesem Kontext der Begriff „Engaging": Er versteht unter Engaging „den Prozess des Zugangs von und zu einer bestimmten Person/Familie bis zum Abschluss einer Vereinbarung oder eines Kontraktes" (Buchholz-Graf 2001, S. 115).

3.2.3 Wie kann ein solcher Motivierungsprozess aussehen?

Körkel und Drinkmann empfehlen als erstes Prinzip ‚Motivierender Gesprächsführung': „das Argumentieren vermeiden, mit dem Widerstand gehen, Empathie praktizieren und auf Kritik, Konfrontation und unerbetene Ratschläge verzichten" (Körkel/Drinkmann 2002, S. 27).

Gehrmann und Müller nennen als wichtigste Techniken für den Prozess des von ihnen so genannten Engaging eine Reihe von ganz konkreten Verhaltensregeln für respektvolles, akzeptierendes Verhalten und eine akzeptierende, annehmende Grundhaltung (z.B.: „sich erst setzen, wenn man dazu aufgefordert wird" oder „erklären, warum man gekommen ist" (Gehrmann/Müller 2002, S. 116), sowie Ichbotschaften, positives Feedback und aktives Zuhören (ebenda, S. 116). Beim aktiven Zuhören geht es ihnen darum, „die Motivationslage der Zwangsklienten richtig zu verstehen und nicht von vornherein zu verurteilen" (Gehrmann/Müller 2008, S. 20).

Dieses Zitat macht deutlich, dass neben dem Verstehen und dem aktiven Zuhören bei der Frage des Umgangs mit nicht motivierten KlientInnen der Akzeptanz eine ganz zentrale Rolle zugeschrieben wird.

Zwischen dieser Akzeptanz und der Motivationsänderung in Richtung einer Mitarbeitsbereitschaft sehen Gehrmann und Müller einen deutlichen Zusammenhang: „Es geht nicht um die Übereinstimmung, Zustimmung und Billigung der Sicht des Klienten, sondern um das respektvolle Zuhören und das einfühlende Verstehen. Dies erhöht die Bereitschaft sich zu verändern, während eine nicht akzeptierende Haltung eher Widerstand bewirkt." (ebenda, S. 24; vgl. auch Gehrmann/Müller 2007).

Das Interesse einer BeraterIn an der spezifischen Problemsicht der KlientInnen bringt ihr z.B. wichtige Einblicke in die Strategien der Lebensbewältigung der Familie oder eines einzelnen Menschen. Die eigene, von der fachlichen

Einschätzung abweichende Problemwahrnehmung und Problemgewichtung ist nach Buchholz (1984) eine notwendige subjektive Leistung eines Menschen oder einer Familie. Mit einer solchen Problemdefinition werden Belastungen z.B. in den außer- und innerfamiliären Funktionsbereichen subjektiv reduziert. Die Herausbildung einer Hierarchisierung der Belastungen ist notwendig für die Alltagsbewältigung. Sie muss jedoch nicht mit der objektiven Belastung übereinstimmen.

Ähnlich wie Gehrmann und Müller stellen sich auch andere Autoren die angemessene Reaktion einer BeraterIn auf mangelnde Beratungsmotivation unfreiwilliger KlientInnen vor. So formuliert z.B. Sander: „Man soll den Klienten dort abholen, wo er steht, heißt dann nichts anderes, als dass man dessen zunächst begrenzte Sichtweise über das Problem und die Lösungsmöglichkeiten akzeptiert und anerkennt" (Sander 1999, S. 209).

Thiersch geht soweit, für eine „den gegebenen Lebensschwierigkeiten und Zugangsmöglichkeiten nachgehende Bescheidenheit" zu plädieren, die nur begleitet, einfach nur da ist (Thiersch 1989, S. 190).

Gehrmann und Müller weisen darauf hin, dass unfreiwillige KlientInnen die Bemühungen der SozialarbeiterInnen oft als Einschränkungen ihrer Freiheit erleben. Sie versuchen dann spontan, die empfundene Einengung abzuwenden und zu vermindern (Gehrmann/Müller 2002, S. 16). Mit Blick auf die Versuche von Rooney (1992) greifen sie dessen „reactance theory" auf, um die Motivationslage der unfreiwilligen Klientel zu beleuchten. „Reactance" bedingt, dass die nun eingeschränkte Freiheit als noch kostbarer empfunden wird als vorher. Das kann bedeuten, dass ein bestimmtes Verhalten für eine KlientIn allein wegen der ihr Handeln einschränkenden Umstände „aus Trotz" nun erst recht positiv gesehen wird. Die KlientIn wird versuchen, dieses Verhalten jetzt erst recht beizubehalten. Sie entwickelt also Widerstand gegen die angebotene Hilfe (ebenda, vgl. S. 17f). Z.B. wird ein sein Kind schlagendes Elternteil versuchen, seine Erziehungspraktiken zu rechtfertigen und vor allem beizubehalten, wenn von ihm das Gegenteil verlangt wird.

Diese Theorie lässt die Unmotiviertheit von KlientInnen der Sozialen Arbeit in einem ganz anderen Licht erscheinen. Sie macht klar, dass die Unmotiviertheit und der Widerstand gegen Hilfe und Beratung ganz normale und vorhersehbare Reaktionen von Menschen auf eine Zwangssituation sein können.

Auch Körkel und Drinkmann betonen, dass Motivationsmangel nicht Frage eines bestimmten Persönlichkeitsbildes oder z.B. auch eines Suchtverhaltens sein muss. Vielmehr erscheint ihnen Motivation und damit eben auch fehlende Motivation als ein wechselseitiges, interaktionelles und damit gestaltbares Phänomen (Körkel/Drinkmann 2002, S. 26). So betrachtet wird der Umgang mit den scheinbar unzureichenden, bei den BeraterInnen so unbeliebten Motivationslagen der Klientel der Sozialen Arbeit in erster Linie eine Angelegenheit der Kommunikation und Interaktion zwischen BeraterIn und KlientIn. Und damit wird das Motivationsproblem in der Beratung zu einem Moment, das durch entsprechende Kommunikation zu beeinflussen und zu verändern ist.

3.2.4 Nicht förderliche und förderliche Reaktionen von BeraterInnen auf die Unmotiviertheit ihrer Klientel

Tatsächlich macht eine unmotivierte, nicht an Beratung interessierte KlientIn oder gar eine ablehnende oder auch eine sich aggressiv gegen Eingriffe und Setzungen auflehnende KlientIn der BeraterIn oft große Probleme. Sie fühlt sich durch diese Haltung gestört, sieht sich um die Arbeitsbedingungen gebracht, die sie zu brauchen meint. Unter Umständen fühlt sie sich auch persönlich abgelehnt oder gar bedroht. Entsprechend werden mit einiger Wahrscheinlichkeit folgende oder ähnliche Reaktionen der BeraterIn folgen:

- Die BeraterIn ist geneigt, davon auszugehen, dass man erst dann wirklich beraten kann, wenn auch die KlientIn ein offenes Ohr für dasjenige Problem hat, das sie als BeraterIn sieht. Sie wird deshalb versuchen, z.B. eine nicht gesprächsbereite Mutter irgendwie doch dazu zu bewegen, etwas über ihren in der Schule auffällig gewordenen Sohn zu erzählen. Die Mutter gibt wahrscheinlich Antworten und lässt sich schließlich auf das Gespräch ein. Ihr Groll und das Grundgefühl, zu etwas gezwungen worden zu sein, das sie eigentlich überhaupt nicht will, werden bleiben. Das Interesse der Mutter am Gegenstand des Gespräches wird eher gering sein.
- Nicht selten entsteht in solchen Situationen offen oder verdeckt ein Machtkampf um die Frage: Ist das Problem überhaupt ein Problem und ist eine Beratung wirklich notwendig? Das Gespräch wird sich mit hoher Wahrscheinlichkeit dann weiter auf die Frage richten, wer Recht hat: die SozialarbeiterIn, die das Gespräch für nötig hält, weil sie ein Problem zu erkennen glaubt und dies beheben möchte, oder aber die Mutter oder der Vater, die das alles nicht so sehen und nicht wollen. Schließlich wird sich die BeraterIn vielleicht im Interesse der „objektiven Interessenlage" der Klientel gezwungen sehen, Druck auszuüben.

Was also auch immer die BeraterIn im Falle mangelnder oder unangemessener Motivation versucht, es geht ihr in vielen Fällen darum, den Widerstand der KlientIn zu brechen, ihn weg zu wischen, von ihm abzulenken anstatt ihn zu begreifen und zu akzeptieren, anstatt empathisch zu reagieren.

Was wäre die Alternative? Wie kann Klientenzentrierte Beratung diesem Problem begegnen?

Biermann-Ratjen et al. betonen (2003, S. 198), dass eine Klientenzentrierte BeraterIn vor allem in der Lage sein muss, die Impulse, die eine KlientIn in ihr auslöst durch das spezifische Beziehungsangebot, das sie macht, wahrzunehmen und zu verstehen. Wenn dies ein Nichtbeziehungsangebot ist, so bedeutet Empathie eben nichts anderes, als genau dieses zu akzeptieren und zu verstehen. Auch das, was z.B. Sander als Problem der „Passung" beschreibt, beschäftigt sich mit der gleichen Frage. Es ist möglich, dass ein Beratungsangebot deshalb nicht funktioniert, weil es nicht zu den Erwartungen der KlientIn passt und die BeraterIn dies aufgrund „mangelnden einfühlenden Verstehens in die Gesamtlage der inneren und äußeren Situation eines Klienten" (Sander 1999, 208) nicht wahrgenommen hat. Der Mann, der nach dem Weg zum Bahnhof fragt, will eben nichts, als diese Information. Eine Frau dagegen, die aus dem Fenster schaut und die Vorübergehenden nach der Uhrzeit fragt, wünscht sich möglicherweise Kontakt und Nähe zu anderen Menschen, wie Biermann-Ratjen et al. eindrucksvoll an Beispielen darlegen (Biermann-Ratjen et al., 2003, S. 198). Beides richtig wahrzunehmen und das eigene Angebot auf dieses wahrgenommene Bedürfnis auszurichten, das wäre die Aufgabe einer Klientenzentrierten BeraterIn. Sie kann dies nur, wenn Sie das Beziehungsangebot, dass ihr von dem anderen gemacht wurde, richtig wahrnimmt und es akzeptiert.

Man könnte also sagen, dass die nicht motivierte KlientIn vor allem deshalb und dann zu einem Problem für die BeraterIn wird, wenn diese Akzeptanz und Verstehen nicht wirklich umfassend verwirklicht oder zu verwirklichen bereit ist, sondern wenn sie den Verlauf eines Beratungsprozesses von sich aus bestimmen will, indem sie ihn definiert und indem sie die nicht passende Ausgangssituation und Motivationslage einfach ausklammern möchte.

Motivationsfördernd wäre ein anderes Beratungsverhalten: Was oben als Störung oder gar als Blockierung des normalen Beratungsablaufes bzw. -einstiegs von der BeraterIn erlebt wird, müsste selber zum Thema der Klientenzentrierten Arbeit gemacht werden. D. h. dann: Die Beratung greift sofort und als erstes die „Störung" selber auf und bleibt damit bei der KlientIn und dem, was sie im Moment des Gesprächsbeginns bewegt, beschäftigt, bedrückt, ärgert usw. Thema eines Klientenzentrierten Gespräches am Beginn einer Beratung wäre dann z.B. noch nicht das Verhältnis der Mutter zu ihrer aufsässigen 16-Jährigen (das „eigentliche" Thema für dieses Gespräch), sondern erst einmal die Empörung darüber, dass die Lehrerin die Mutter beim Sozialdienst „angeschwärzt hat".

Das Hauptaugenmerk einer Klientenzentrierten BeraterIn sollte also gerade zu Beginn einer Beratung nicht gleich auf der zu lösenden Problematik selber liegen, sondern zunächst ganz bei der KlientIn, bei ihrer Sicht der Thematik, bei ihrer Motivationslage, ihrer Befindlichkeit in der aktuellen Gesprächssituation. Hier übernimmt die „Perspektive Fall mit" (vgl. B. Müller 2006) vor der Perspektive „Fall von" und „Fall für" die Führung. Klientenzentrierte Beratung in diesem Sinne bedeutet hier konsequente Subjektorientierung. Sie löst die Fragen des Problems nicht ohne oder gar gegen den Betroffenen. Klientenzentrierte Beratung akzeptiert die gegenwärtige, unmittelbar aktuelle Gefühlslage der Klientel, die oft nicht auf das „eigentliche Problem" sondern auf die unerwünschte oder belastende Beratungssituation selber bezogen ist. Man macht sich dabei die Erfahrung zunutze, dass sich Menschen paradoxerweise häufig dann ändern, wenn man sie annimmt, wie sie sind. Sie gehen dann leichter das Risiko der Veränderung ein (Theorie der paradoxen Veränderung; vgl. Körkel/Drinkmann 2002, S. 26).

Beratung kann also bei unmotivierten KlientInnen nur greifen, wenn die SozialarbeiterIn bereit ist, gerade die Momente, die es der KlientIn so schwer machen, sich überhaupt auf einen Beratungsprozess einzulassen, zum unmittelbaren Thema der Beratung zu machen. Schwierige Ausgangsbedingungen werden in einer Klientenzentrierten Beratung im Sinne des Engaging (vgl. Gehrmann/Müller 1998; Buchholz-Graf 2001) also gerade nicht zu Ausschlusskriterien für Beratung, sondern sind selber Thema, sind Herausforderung für Akzeptanz und Verständnis, und sie werden als Gelegenheit genutzt für die Aufforderung der KlientIn, ihre eigene Sicht auf die Dinge, ihre Vorstellungen und Deutungsmuster, ihre Erfahrungen und ihre Erfolge und Misserfolge bei der Bewältigung des Problems darzustellen.

Die Vorstellung, sich als BeraterIn, anstatt sofort über die anstehende Problematik und ihre notwendige Lösung zu sprechen, zunächst auf die gezeigten oder geäußerten Widerstände gegen die Beratung oder gegen die Problemsicht der BeraterIn akzeptierend und empathisch einzulassen, mag manchem so vorkommen, als würde er selber den Ast absägen, auf dem er sitzt. Es bereitet vielen BeraterInnen ein unangenehmes Gefühl. Sie befürchten, sie würden die Macht über die KlientIn und über die ganze Situation verlieren.

Im abschließenden Kapitel 5 dieses Buches werden verschiedene Beispiele der Klientenzentrierten Arbeit mit nicht oder nicht angemessen motivierter Klientel besprochen und als Übungsfälle vorgestellt.

3.3 Konfrontieren im Rahmen Sozialer Beratung

Wie bereits festgestellt, kann Soziale Arbeit sich in der Regel nicht auf das bloße Verstehen beschränken. Ihre vielfältigen Aufgaben bringen es mit sich, dass KlientInnen mit Informationen, Entscheidungen, Tatsachen konfrontiert werden müssen, auch dann, wenn diese für sie unangenehm sind, auch dann, wenn die KlientInnen darüber erschrecken und versuchen werden, diese Informationen abzuwehren. Unangenehme Mitteilungen, Übermittlung von Forderungen, Rückmeldung über gefährliches oder nicht akzeptables Verhalten, über unangenehme Konsequenzen, die eine KlientIn durch ihr Verhalten selber erzeugt, all das ist innerhalb der Sozialen Arbeit nicht wegzudenken. Ohne Konfrontation kommt Soziale Arbeit nicht aus.

3.3.1 Anlässe für Konfrontation im Rahmen sozialer Beratung

Es ist hilfreich, verschiedene Arten und Anlässe von Konfrontationen genauer zu betrachten und zu differenzieren. Wie bereits angedeutet, können Konfrontationen im Rahmen einer sozialpädagogischen Beratung sehr unterschiedlich motiviert sein.

Es gibt zum einen Konfrontationen, die der BeraterIn aus fachlichen Gründen erforderlich scheinen, etwa dann, wenn sie der KlientIn die Wirklichkeit ihrer beruflichen Situation oder Widersprüche zwischen ihren eigenen Ansprüchen und ihrem konkreten Verhalten aufzeigen muss, oder wenn es z.B. notwendig wird, der KlientIn Grenzen der Beratungsbeziehung aufzuzeigen. KlientInnen müssen damit konfrontiert werden, wenn dies ihrer Lebensbewältigung unmittelbar im Wege steht. Zwar wird sich subjektorientierte Soziale Arbeit im Umgang mit der KlientIn sensibel und akzeptierend ihrer Lebenswelt und ihrem biografischen Eigensinn nähern, sie wird Offenheit und Interesse für ihre Lebenswelt sowie Respekt vor den Deutungsmustern und Lösungsansätzen der Betroffenen zeigen. Alltags- und Lebensweltorientierung bedeuten jedoch nicht, den Alltag als Idylle, ausschließlich als Ort des Gelingens und der Sicherheit zu sehen. Alltag ist auch der Ort mangelnder Ressourcen und bornierter Enge (vgl. Thiersch 1993). Nicht selten wird deshalb Soziale Arbeit KlientInnen mit der ihnen eigenen, möglicherweise eingeschränkten oder unrealistischen Wahrnehmung ihrer Lebenswirklichkeit konfrontieren müssen.

Solche Konfrontationen sind nicht unbedingt spezifisch für die Soziale Arbeit. Sie sind im Rahmen von Psychotherapie und psychotherapeutisch orientierter Beratung gleichermaßen relevant.

In der Sozialen Arbeit gibt es neben den mehr fachlich motivierten Konfrontationen aber auch noch ganz andere Situationen, in denen konfrontiert werden muss. Diese Konfrontationen ergeben sich weniger aus der Notwendigkeit des Beratungsprozesses heraus, sondern vielmehr aus dem schon mehrfach erwähnten Doppelten Mandat der Sozialen Arbeit, also aus der Tatsache, dass Soziale Arbeit als Vermittlerin zwischen System und Lebenswelt (vgl. Galuske 2002, S.134f; Hamburger 2003, S. 148f; Habermas 1981) nicht allein der jeweiligen KlientIn verpflichtet ist und in ihrem Interesse handelt, sondern auch gesellschaftliche Funktionen übernehmen muss, die nicht immer den subjektiven und manchmal auch nicht den objektiven Interessen der KlientIn entsprechen. Soziale Arbeit muss z.b. gesetzliche Bestimmungen, gesellschaftliche Normen und Werte oder auch Entscheidungen von Behörden bei den KlientInnen umsetzen bzw. dafür sorgen, dass sie diesen Bestimmungen und Erwartungen nachkommen (z.B. Schulpflicht, Jugendgerichtshilfe, Kindeswohlsicherung, Integration in das Erwerbsleben, Durchsetzung ärztlicher Anordnungen oder richterlicher Beschlüsse und Verfügungen usw.), und sie muss KlientInnen über die möglichen Konsequenzen ihres Verhaltens aufklären. Allerdings bedient sie sich dazu keiner ordnungspolitischen Mittel wie Polizei oder Justiz, sondern pädagogischer Medien, also z.b. des Beratungsgespräches.

Konfrontationen in solchen Kontexten sind oft hart für die KlientInnen und mitunter „schwer zu schlucken". Manchmal stellen sie aus Sicht der KlientInnen massive Verletzungen dar und führen nicht nur zu einer Ablehnung weiterer Gespräche, sondern zu aggressivem und feindseligem Verhalten gegenüber den scheinbaren Verursachern ihres Unglücks, den SozialpädagogInnen. Hier scheint eine Beratung im Sinne einer vertrauensvollen Hilfe in weite Ferne zu rücken.

Ein besonders schwieriger Sonderfall einer durch das Doppelte Mandat bedingten Konfrontation ist die, welche explizit oder auch implizit eine Beschuldigung der KlientIn enthält. Auch wenn die KlientIn diese als falsch, als nicht zutreffend zurückweist, muss die Beschuldigung im Interesse Dritter (etwa der Kinder) möglicherweise aufrecht erhalten werden. Die SozialarbeiterIn kommt hier in die schwierige Situation, dass sie einer KlientIn etwas nachweisen soll, was diese nicht zugeben will. Statt Vertrauen und Verstehen scheinen hier Beweisführung und Überführung Aufgaben der Sozialen Arbeit.

> Ein Beispiel: Nachbarn haben dem Jugendamt gemeldet, dass der 3-jährige Junge im zweiten Stock des Nebenhauses gestern den ganzen Abend und die Nacht hindurch laut geweint und geschrien habe und man die Mutter erst in den Morgenstunden habe nach Hause kommen sehen. Eine SozialarbeiterIn wird beim Hausbesuch die Mutter damit konfrontieren müssen. Die Frau aber wird wahrscheinlich behaupten, das sei eine Lüge, sie sei da gewesen und der Junge sei erkältet und könne nicht schlafen und weine deshalb viel. In solchen Situationen kommt man als SozialarbeiterIn in die unerfreuliche Lage, der Klientin z.B. ihr Fehlverhalten nachweisen zu müssen.

Diesen konkreten Fall werde ich im Kapitel 5 aufgreifen und eine Lösung im Sinne des Engaging vorschlagen.

Konfrontationen im Kontext des Doppelten Mandats werden von der BeraterIn als leichter empfunden, vielleicht sogar leichter als die „nur" fachlich begründeten Konfrontationen und können um so authentischer vorgebracht werden, je mehr sie/er sich mit dem jeweiligen gesellschaftlichen Auftrag, der die Konfrontation erfordert, identifizieren kann.

Es soll an dieser Stelle aber nicht verschwiegen werden, dass es in der Sozialen Praxis auch Situationen gibt, in denen von der BeraterIn eine Konfrontation gefordert wird (vom Gesetz, dem Anstellungsträger, einer Behörde etc.), mit der sie sich nicht oder nicht hinreichend identifizieren kann. Z.B. muss sie dem Betroffenen eine Entscheidung mitteilen und verständlich machen, die sie selber nicht mittragen kann, etwa wenn die SozialarbeiterIn einer Klientin eine Entscheidung z.b. über die Nichtbewilligung einer Hilfe zur Erziehung mitteilen muss, die sie selber für falsch hält. Hier wird die Beratungssituation kompliziert. Die Situation ist vielleicht nur noch in Ansätzen dadurch zu retten, dass die BeraterIn der KlientIn mitteilt, dass sie gezwungen ist, eine Entscheidung umzusetzen, die sie selber nicht in Ordnung findet. Die SozialarbeiterIn verliert dabei aber entweder ihre Authentizität oder sie gerät in Gefahr, sich mit ihrer KlientIn in einer Koalition zu verbinden. Beides würde ihre professionelle Rolle beschädigen. Letzteres kann ihren Arbeitsplatz kosten. Hier gerät der Einsatz von Klientenzentrierter Beratung an seine Grenze.

3.3.2   Vereinbarkeit von Konfrontation und Klientenzentrierter Beratung

Aber lässt sich nun die Klientenzentrierte Beratung mit der Methode der Konfrontation vereinbaren?

Die Klientenzentrierte Beratung ist aus der nicht-direktiven Gesprächspsychotherapie hervorgegangen. Ihr nicht-direktiver Charakter ist auch heute noch ein entscheidendes Merkmal, das sie z.B. grundlegend von der Verhaltensmodifikation unterscheidet (vgl. Biermann-Ratjen et al. 2003, S. 44ff.). Konfrontation aber ist ein eindeutig direktives Vorgehen. Auf den ersten Blick sieht es deshalb so aus, als ob der methodische Schritt des Konfrontierens nicht mit der Klientenzentrierten, also einer nicht-direktiven Beratung verbunden werden könne. Zudem befürchten SozialpädagogInnen immer wieder, dass es unglaubwürdig wirken könnte, wenn die BeraterIn nach einer „Viertelstunde Verständnis" plötzlich mit der Forderung des Jugendrichters, mit der Beschwerde der Lehrerin, mit der Notwendigkeit der Heimeinweisung oder mit dem Hinweis darauf herausrückt, dass nach Meinung des Jugendamtes eine Kindeswohlgefährdung vorliege.

Hier wird m. E. zu kurz gedacht: Ein grundsätzlicher Widerspruch zwischen Empathie, dem akzeptierenden Verstehen auf der einen und der Konfrontation auf der anderen Seite besteht nur dann, wenn das Akzeptieren und Verstehen als Floskel, als „Beruhigungstrick", als Bauernfängerei eingesetzt wird und deshalb zu Recht nicht als Beziehungsangebot bei der KlientIn ankommt. Eine wirkliche Beziehung ist belastbar. Auch von einem Freund erwartet man schließlich nicht nur und immer bloß Verständnis. Man wünscht sich auch, dass er einem bei Bedarf unmissverständlich die Wahrheit vor Augen hält oder „den Marsch bläst". Aber man erwartet von ihm noch etwas anderes, nämlich dass der Freund dies mit einer akzeptierenden, wohlwollenden Grundhaltung tut und dass er sein Gegenüber nicht verurteilt oder ablehnt, auch wenn das konkrete Verhalten, um das es geht, möglicherweise hoch problematisch war. Und schließlich würde man von einem Freund auch noch dafür Verständnis erwarten, dass man nicht gerade glücklich auf die Konfrontation reagiert und erst einmal schlucken muss, vielleicht auch erst einmal sauer ist ....

Ähnlich wird auch eine KlientIn eine harte, unmissverständliche Konfrontation erleben, akzeptieren und letztlich begrüßen können, wenn sie nicht als Machtgebaren, als Aggression, als Ablehnung oder als Angriff daher kommt, sondern eingebettet ist in eine grundsätzlich und ehrlich gemeinte akzeptierende Haltung. So betonen Sickendiek et al. (2002, S. 149): „Insbesondere harte und schroffe Konfrontationen müssen in Beratungskonstellationen über eine allgemein positive BeraterIn-KlientIn-Beziehung abgepuffert und in diese eingebunden werden."

Es kommt also entscheidend darauf an, wie dieses einzelne direktive methodische Element Konfrontation im gesamten Beratungsverlauf eingesetzt wird. Ist es eingebunden in eine nicht-direktive, empathische und akzeptierende Grundhaltung, die es vermeidet, die KlientIn zu etwas zu zwingen, sie zu blamieren, zu überreden, sie fremd zu bestimmen, ihr Ziele und Lösungen vorzugeben oder sie als Objekt zu behandeln, so ist eine Konfrontation im Verlaufe des unverändert empathisch gestalteten Beratungsprozesses sozusagen nur eine Zäsur, eine zwischengeschaltete „Provokation", die die KlientIn anregt zu neuen Erfahrungen und zu einer inneren Auseinandersetzung mit Widersprüchen.

Auch im Rahmen der Personenbezogenen Psychotherapie wird heute Konfrontation als etwas gesehen, was mitunter erforderlich ist (vgl. z.B. Eckart et al. 2006). Ausgangspunkt bildet hier die Erfahrung, dass sich die für therapeutische Veränderungen nötige Tiefe des Erlebens auch bei Verwirklichung der Grundhaltungen nicht in allen Fällen „von selber" ergibt. Wenn die Person in ihrem „strukturgebundenen Erleben" verfangen ist, bedarf die Wiederherstellung des vertiefenden „Experiencing Prozesses" eines Anstoßes, der von außen, d.h. von einer anderen Person kommt. Dementsprechend hat die TherapeutIn hier die Möglichkeit auf der Basis der Grundhaltungen einen der Therapie adäquaten Erlebensprozess bei der KlientIn anzustoßen und zu ermöglichen" (Frenzel et. al. 2001, S. 133). Der „Therapeut" stellt „dabei sein Bezugsystem dem des Klienten gegenüber (Z.B Selbst- und Fremdwahrnehmung). Der Klient bekommt dadurch die Möglichkeit, derartige Widersprüche zu erkennen" (ebenda, S. 235). Also auch hier wird in keiner Weise ein notwendiger Widerspruch zwischen Konfrontieren und Klientenzentrierter Beratung gesehen.

Anders aber ist es, wenn mit der Konfrontation die Ebene der Empathie verlassen und eine Phase eingeleitet wird, in der nun die Beraterin Ziele, Lösungen und Wege vorgibt. Dann besteht sehr wohl ein unvereinbarer Widerspruch zu einer klientenzentrierten Orientierung der Beratung.

Münder betont im Frankfurter Kommentar (Münder 2006, S. 320), dass die partizipative Grundhaltung der Klientel gegenüber grundsätzlich erforderlich ist und sich keineswegs im Kontext von Eingriffen und Angelegenheiten des Doppelten Mandats erledigt.

Konfrontieren im Kontext klientenzentrierter Orientierung heißt außerdem immer, nicht die gesamte Person zu kritisieren bzw. infrage zu stellen sondern ein konkretes Verhalten, eine bestimmte Haltung oder Sichtweise der KlientIn im Rahmen der Konfrontation hinter fragbar zu machen. Akzeptanz und Empathie für die Person des Betreffenden müssen dabei – für ihn deutlich wahrnehmbar – unverändert erhalten bleiben.

3.3.3 Nicht-förderlicher und förderlicher Umgang mit den Folgen der Konfrontation

Damit kann nun ein Blick auf die Frage geworfen werden, wie Klientenzentrierte Beratung mit den Folgen einer Konfrontation umgeht.

Wie auch immer Konfrontationen motiviert sind, ihr Sinn und Zweck ist es, bei der KlientIn ein Umdenken, ein Einhalten und Besinnen, einen Perspektivenwechsel zu erreichen und letztlich eine Änderung ihres Verhaltens anzuregen. Also ist es nicht einfach damit getan, zu konfrontieren. Die BeraterIn sollte in der Lage sein, mit dieser Konfrontation auch tatsächlich einen Lernprozess bei der KlientIn anzustoßen. Nur dann hat die Konfrontation einen Sinn. Bewirkt die Konfrontation jedoch nur Abwehr, ist sie kontraproduktiv.

Natürlich löst jede Konfrontation erst einmal mehr oder weniger heftige Gefühle aus, meist Gefühle der Wut, des Schreckens, der Hilflosigkeit, der Demütigung. Das ist unvermeidlich, das ist gewollt und zeigt eigentlich nur an, dass die Botschaft beim Empfänger auch wirklich angekommen ist. Genau das aber ist die Voraussetzung dafür, dass die KlientIn sich im weiteren Gesprächsverlauf und darüber hinaus mit ihrem Inhalt auseinander setzen kann.

Oben wurde auf die „reactany theory" (Rooney 1992) hingewiesen. Eine Konfrontation wird in der Regel bei der KlientIn das Gefühl auslösen, dass ihre Verhaltensfreiheit eingeschränkt wird, dass ihr Verhalten oder ihre Sicht kritisiert und sanktioniert werden. Sie wird sich möglicherweise angegriffen, sicher aber betroffen fühlen. Ihre erste spontane Reaktion wird der „reactance theory" entsprechen, sie wird sich verteidigen, wird Wut oder Ärger, Erschrecken oder Verletztheit empfinden und diese direkt zum Ausdruck bringen.

Entscheidend ist deshalb, was nach der Konfrontation passiert: Wenn die KlientIn den Eindruck hat, dass sie besser die durch die Konfrontation hervorgerufenen Gefühle von Wut, Angst oder auch das Gefühl, angegriffen oder abgelehnt zu werden, vor der BeraterIn verstecken sollte, wenn sie sich nachhaltig angeklagt fühlt und das Bedürfnis hat, sich zu verteidigen, dann wird sie auch die Botschaft der Konfrontation selber abwehren und sie nicht weiter an sich heran lassen. Oft wird sie sogar äußerlich oder vielleicht auch nur innerlich die Kommunikation abbrechen.

Ganz anders verläuft das Gespräch, wenn ein klientenzentrierter Umgang mit den Folgen der Konfrontation erfolgt: Ähnlich wie bei der Ausgangssituation in einer Beratung mit beratungsunwilliger Klientel geht es nach gelungener, eindeutiger Konfrontation auch hier darum, diese ersten Abwehrreaktionen als verständlich, als normal hinzunehmen und nicht zu versuchen, sie mit Ablenkung oder direkter oder indirekter Gewalt vom Tisch zu wischen. Es geht also darum, die durch eine Konfrontation ausgelösten Gefühle zu akzeptieren und zu verstehen. Es wäre nicht sinnvoll, sie abzuwerten, zu verharmlosen, sie zu überspielen, sie zu negieren.

Wenn es gelingt, der KlientIn eine Botschaft zu vermitteln, die etwa folgenden Inhalt hat: ‚Ich habe Ihnen diese unerfreuliche Botschaft bringen müssen, aber ich weiß, wie Sie sich jetzt fühlen, ich sehe ihre Fassungslosigkeit und verstehe ihre Wut. Ich dränge Sie nicht, lasse ihnen Zeit, Zeit, sich diesen Gefühlen und der Botschaft selber zu stellen', dann besteht eine Chance, dass die Kommunikation nicht abgebrochen und die Türen zwischen Beraterin und KlientIn nicht zugeschlagen werden. Grundsätzlich gilt, wenn eine KlientIn sich wegen ihrer Abwehrreaktion nicht weggestoßen, verurteilt, mit dieser Botschaft alleine gelassen fühlt, wird sie eher geneigt sein, sich mit ihr auseinander zu setzen.

Im Anschluss an eine Konfrontation kann in der Regel also nicht gleich der in der Konfrontation vermittelte Sachverhalt Thema des weiteren Gespräches sein. Vielmehr sind nun erst einmal das ausgelöste Gefühl, die erzeugten Impulse bei der KlientIn wahrzunehmen und zu verstehen. Es geht dabei um Anteilnahme im Sinne des „Mitschwingens, angerührt Seins, des Mitempfindens und der Anteilnahme" (vgl. Sander 1999, S.223), also um die sensorische Aufmerksamkeit der BeraterIn für die Vorgänge, die als Reaktion auf die Konfrontation in der KlientIn vor sich gehen. Dabei ist es wichtig, dass diese Anteilnahme der BeraterIn für den Betroffenen auch wirklich spürbar und sichtbar wird. Sie kann, muss aber nicht unbedingt, durch eine Verbalisierung ausgesprochen werden. (Wobei anzumerken ist, dass es mit einer bloßen, weder Akzeptanz noch Empathie vermittelnden Spiegelung der ausgelösten und wahrgenommenen Gefühle nicht getan ist. Die könnte vielmehr sogar dazu führen, dass eine KlientIn sich verhöhnt oder durchschaut fühlt (vgl. hierzu die Aussagen zur Empathie in Kapitel 4).

Ein solcher Umgang mit Konfrontationen entspricht einer in konsequenter Weise umgesetzten Klientenzentrierten Kommunikation und ist der zweite, zentrale methodische Aspekt eines Konzeptes, welches Klientenzentrierte Beratung gezielt auf die Soziale Arbeit ausrichtet und für sie und ihre Bedarf kalibriert.

Im abschließenden Kapitel 5 dieses Buches werden verschiedene Beispiele besprochen und als Übungsfälle vorgestellt, bei denen eine Konfrontation erfolgt, die aber im Rahmen des klientenzentrierten Ansatzes „aufgefangen" und bearbeitet wird.

3.4 Methodenoffenheit und Klientenzentrierte Beratung

Zweifellos kann es im Rahmen Sozialer Beratung Gesprächsphasen geben, in denen Klientenzentrierte Beratung direkt als leitende Methode möglich und sinnvoll ist.

Dies betrifft zum einen die Einstiegsphase in eine Beratung, bei der es um die Motivierung der KlientIn, um die Klärung ihrer subjektiven Sicht auf die Problemlage, um die Vertrauensbildung und die Entwicklung einer partizipativen, für sich selber engagierten Grundhaltung sowie um das Rekonstruieren des Falls aus der Sicht der KlientIn geht. Aber auch im Verlaufe der weiteren Beratung wird es immer wieder zu Gesprächsphasen kommen, wo die subjektive Verarbeitung von Problemlagen im Vordergrund steht oder wo neue Sichtweisen angeeignet werden müssen. Der Umgang mit Konfrontationen z.B. ist so eine Phase.

In einer Subjekt- bzw. Individuumbezogenen Beratung (im Sinne von Straumann 2000, S.65) bzw. in entsprechenden Beratungsphasen, kann also die Klientenzentrierten Beratung als eigenständige, leitende Beratungsmethode fungieren. Ihr spezifischer Umgang mit mangelnder Beratungsmotivation und mit Konfrontationen macht sie dabei für die Soziale Beratung geeignet und alltagstauglich. Sie kann mit diesen spezifischen Bedingungen und Anforderungen Sozialer Arbeit in besonderer Weise angemessen und produktiv umgehen.

Klientenzentrierte Beratung ist, so verstanden, also erst einmal eine alltagstaugliche Beratungsmethode unter anderen, die insbesondere für Individuum bezogene Beratungsphasen (vgl. Straumann, 2000), geeignet ist.

3.4.1 Klientenzentrierte Beratung in Verbindung mit anderen methodischen Ansätzen

Dabei ist generell zu beachten, dass es in der Sozialen Arbeit nicht das eine, immer passende und richtige Methodenkonzept geben kann. Im Sinne der erforderlichen Methodenoffenheit (vgl. Galuske 2005, S.29) muss auch Beratung offen sein für unterschiedliche methodische Ansätze. „Beratung ist immer ein vielfältiges methodisches Handeln. Beratung ist multimethodisch und kombiniert Methoden je nach Beratungskonzeption, Problemlage, Ziel, beteiligten Personen, Phasen im Beratungsprozess, Beraterrolle und -funktion, Setting der Beratung etc." (Sickendiek et al. 2002, S. 135).

Methodenoffenheit in der Sozialen Arbeit ist eine Forderung, die sich aus deren Ganzheitlichkeit und Alltagsstruktur notwendig ergibt (vgl. hierzu Thiersch 1993; Böhnisch et al. 2005). Sie schließt die generelle Festlegung auf eine bestimmte Methode oder ein bestimmtes Verfahren für den Beratungsprozess aus. Soziale Beratung muss ihre Methoden und Verfahren nach den jeweiligen Problemlagen, Zielen, Ressourcen der Klientel ausrichten (vgl. Thiersch 1993, S. 22; Geißler/Hege 2001, S. 34; Sickendiek et. al. 2002, S. 135).

Insofern wäre auch eine Soziale Beratung, die sich z.B. ganz ausschließlich der Klientenzentrierten Beratungsmethode bedienen würde, in der Sozialen Arbeit nicht vorstellbar und nicht akzeptabel.

Damit stellt sich die Frage, ob und wie Klientenzentrierte Kommunikation mit anderen Methoden Sozialer Arbeit verknüpft und verbunden werden kann.

In der Fachliteratur wird immer wieder betont, dass Klientenzentrierte Beratung keine Methode sei, die andere methodische Ansätze verdränge oder ausschlösse. So formuliert z.B. Straumann: „In diesem Sinne ist das in der Beratung angewandte Konzept von Rogers stets ein Konzept, das in Ergänzung mit anderen, hilfreichen methodischen und didaktischen Mitteln wirksam wird" (Straumann 2000, S. 95; vgl. auch Biermann- Ratjen et al. 2003). Offenbar ist sie mit vielen anderen Vorgehensweisen kompatibel. Dies gilt im Übrigen gleichermaßen auch für die Anwendung der Klientenzentrierten Gesprächspsychotherapie im Kontext mit anderen Psychotherapien. Im Sinne eines Bemühens „um eine gesprächspsychotherapeutische Haltung in der Arbeit mit Menschen" .... ist Klientenzentrierte Gesprächsführung „auch von anderen Therapien akzeptiert und mit ihnen vereinbar" (Bierman-Ratjen 2003, S.49f; vgl. auch Sickendiek et al. 2002, S. 135). Verschiedene Autoren weisen zudem darauf hin, dass die Rogerschen Prozessvariablen sehr gut in der Sprache der verschiedenen anderen psychologischen Theorien erklärt und hergeleitet werden können (vgl. z.B. Sander 1999, S. 84ff).

Fiedler konnte schon 1950 nachweisen, dass eine „personenzentrierte Grundhaltung der TherapeutInnen, unabhängig von ihrer Schulenzuordnung, ein wesentlicher Erfolgsfaktor für eine Therapie darstellt" (zitiert nach Frenzel et al. 2001, S. 225).

„Der enge Zusammenhang zwischen einer hohen Ausprägung in diesen drei Therapeutenvariablen und konstruktiven Persönlichkeitsveränderungen bei der KlientIn konnte anhand von hunderten von Untersuchungen an über 1000 KlientInnen mit den verschiedensten Symptomen statistisch bestätigt werden", stellt Weinberger fest (Weinberger 1994, S. 30, S. 104) und verweist vor allem auf die Untersuchungen von Tausch (Tausch/Tausch 1991). „Die drei zentralen Beziehungsvariablen, „gelten heute auch in anderen Beratungskonzeptionen als generelle Grundlagen förderlicher Hilfebeziehung", (Sickendiek et al. 2002, S. 130) und haben auch in allen möglichen anderen Therapie- oder Beratungsmethoden eine hohe Voraussagekraft für den Erfolg der Intervention dieser anderen Methoden und Verfahren.

Klientenzentrierte Beratung erscheint hier also als eine Art genereller Grundhaltung, die jede Form zwischenmenschlicher Kommunikation qualifiziert und damit natürlich auch jede Form professioneller Kommunikation.

Im Kapitel 3.3.2 wurde im Zusammenhang mit dem Thema Konfrontation bereits festgestellt, dass Klientenzentrierte Beratung durchaus auch mit Interventionsschritten vereinbar und kombinierbar ist, die zwar als solche selber keinen nicht-direktiven Charakter haben, die aber eingebettet werden können in eine grundsätzlich personenzentrierte Haltung.

Bestimmte Aufgabenstellungen in der Sozialen Beratung bedürfen unabdingbar methodischer Schritte, die im Rahmen der Klientenzentrierten Beratung direkt nicht vorgesehen sind. Dies trifft z.B. auf alle Verfahrensschritte zu, die Informationen für eine Diagnose zusammentragen oder auf bestimmte Techniken aus der systemischen oder auch der lösungsorientierten Arbeit, die es ermöglichen, festgefahrene Konnotationen aufzubrechen und Alternativen denkbar zu machen (z.B. Erstellung eines Genogramms zusammen mit den KlientInnen, Sammlung von Informationen zum sozialen Netzwerk der Klientel, Einsatz zirkulärer Fragen oder z.B. des „heißen Stuhls", Stellen der „Wunderfrage" etc.).

Ist Klientenzentrierte Beratung nicht die leitende Methode sondern eine Methode neben anderen, kann und muss man sich freilich lösen von einer „reinen" Anwendung der klientenzentrierten Methode, die möglichst wenig Fragen und keine Lösungsvorschläge der BeraterIn vorsieht.

Ein solches methodisches Vorgehen wird in der Fachliteratur nicht als Widerspruch zur Klientenzentrierten Beratung gesehen: So bemerkt Weinberger, dass es im Rahmen Sozialer Arbeit selbstverständlich möglich und notwendig sei, an die KlientIn Fragen zu stellen (z.B. um herauszufinden, warum sie seit

Monaten ihre Miete nicht mehr bezahlt). Allerdings betont sie: „Wie die Fragen dann gestellt werden und wie dabei mit der KlientIn atmosphärisch umgegangen wird, das kann natürlich ausfragend verurteilend wie auch einfühlend wertschätzend geschehen" (Weinberger 2005, S.89).

Wie vielfach empirisch belegt, erhöht die Verwirklichung der klientenzentrierten Grundhaltung die Wirksamkeit eines methodischen Vorgehens, auch wenn dies selber nicht aus dem klientenzentrierten Kontext stammt.

Und immer wieder ergeben sich in solchen, methodisch anders strukturierten Phasen Sozialer Arbeit Momente, in denen ein Eingehen auf die Betroffenheit der KlientInnen, auf ihr inneres Erleben, auf ihre Bedenken, Sorgen, Ängste oder auch Wünsche im Sinne der Klientenzentrierten Beratung sinnvoll und möglicherweise sogar notwendig ist. Denn sie kann die Motivation und das Eigenengagement der KlientInnen sichern oder im Falle emotionaler Blockaden auch wiederherstellen.

Es ergeben sich somit zwischen der Klientenzentrierten Methode, die Heron (1990) als „unterstützende, wertschätzende Methode" beschreibt, keine Unvereinbarkeiten mit Handlungsschritten, die im Sinne Herons z.B. präskriptiven, informativen, konfrontativen, karthatischen oder auch katalytischen Charakter haben.

Klientenzentrierte Beratung kann also z.B. auch mit systemischen Ansätzen, mit Ansätzen aus der Gestalt- oder der Verhaltensberatung zusammengeführt werden, ebenso mit dem Casemanagement, der Themen Zentrierten Interaktion, mit Elementen aus der Kunst- und Musiktherapie, mit Gruppenarbeit, mit Gemeinwesenarbeit und vielem mehr (vgl. Straumann 2000, S. 95). Anders formuliert: Viele methodische Zugänge in der Sozialen Beratung lassen sich mit einer praktizierten Klientenzentrierten Grundhaltung und – in geeigneten Situationen und Momenten – mit dem Eingehen auf die persönliche Betroffenheit und das innere Erleben der KlientIn konstruktiv verbinden. Die Klientenzentrierte Beratung erfüllt hier die Funktion einer Hintergrundmethode.

3.4.2 Grenzen der Vereinbarkeit mit anderen methodischen Ansätzen

Die Vereinbarkeit der Klientenzentrierten Beratung mit anderen methodischen Zugängen findet allerdings da ihre Grenze, wo diese nicht im Rahmen einer klientenzentrierten und empathischen Grundhaltung, also im Sinne der Subjektorientierung ausgeführt werden.

Dabei ist die Gefahr, dass die Subjektorientierung im Rahmen eines methodischen Zuganges aufgekündigt wird, sicher von Methode zu Methode unterschiedlich groß. Eine Methode wie z.B. die Verhaltensmodifikation, die stark direktive Grundzüge hat, kann unter Umständen, in manipulativen Zusammenhängen missbräuchlich eingesetzt, der Subjektorientierung den Rücken kehren und somit eine Verbindung mit dem klientenzentrierten Zugang ausschließen (vgl. z.b. Frenzel 1992, S. 221; Straumann 2000, S. 102; Hege/Geißler 2001; S. 24f; Galuske 2005, S. 28). Dass sie allerdings wirklich in dieser Weise genutzt und gestaltet wird, ist keineswegs zwingend, und ob es geschieht liegt zum Teil in den Händen der BeraterIn, hängt aber vor allem von den spezifischen gesellschaftlichen Rahmenbedingungen und Aufgabenstellungen der Beratung ab.

Man kann sagen, dass immer dann, wenn andere Methoden strukturell und in eindeutiger Weise die beraterischen Grundhaltungen von Akzeptanz, Empathie und Echtheit verlassen oder ausschließen, sie sehr wohl in Konflikt mit der Klientenzentrierten Beratung kommen.

So befände sich z.b. ein Einstiegsinterview mit einer verängstigten und zurückhaltenden KlientIn, das sie mit sehr detaillierten Fragen konfrontiert und überhäuft, im Widerspruch zur Haltung der Klientenzentrierten Beratung, die bemüht ist, den Einstieg in eine Beratungsbeziehung vertrauensvoll, motivierend und akzeptierend zu gestalten.

Die Anwendung der Klientenzentrierten Methode gerät z.b. auch dann zur Farce, wo im Rahmen des Fallmanagements von der KlientIn ausschließlich die Erfüllung von konkreten, eng gefassten Forderungen erwartet werden und ihr im Falle der Nichterfüllung Sanktionen drohen.

Und so könnte z.b. auch im Rahmen einer systemischen Familienaufstellung die direktive Frage an X, was wohl Y meint, was Z von der Trennung des Vaters von der Familie hält, ein Zwang zur Offenbarung sein, der für den Einzelnen die Möglichkeit einschränkt, als Individuum in autonomer Verantwortung zu handeln.

In all diesen Beispielen muss man sich allerdings auch die Frage stellen, ob das beschriebene Vorgehen der sozialpädagogischen Forderung nach einer Subjektorientierung überhaupt gerecht wird. Insofern wäre der hier konstatierte Widerspruch zur Klientenzentrierten Methode gleichzeitig ein Hinweis auf eine aus sozialpädagogischer Sicht unangemessene Methoden- bzw. Technikwahl.

Eine Verbindung der Klientenzentrierten Beratung mit anderen Methoden und methodischen Schritten ist also nur dann problematisch, wenn die BeraterIn auf diesem Wege ihre empathische Grundhaltung aufgeben müsste. Nun ist die Klientenzentrierte Beratung bei Weitem nicht die einzige Methode, die eine offensive Subjektorientierung für sich in Anspruch nimmt. In den Konzepten fast aller in der Sozialen Beratung entwickelten oder für sie weiter entwickelten Methoden finden sich Hinweise auf die Notwendigkeit, die KlientIn zu befähigen, selber ihre Probleme lösen zu können. Um nur zwei Beispiele zu nennen: Kleve et al. (2006) fordern im Rahmen des „Systemischen Casemanagement", dass die Subjektrolle der Klientel gewahrt und gefördert werden soll. Auch Steve de Shazer z.B. (1940 -2005) geht es mit seiner lösungsorientierten Beratung darum, „die Selbstwirksamkeit" des Klienten zu unterstützen und zu entwickeln und die autonome Gestaltungsfähigkeit zu verstärken (vgl. Bamberger 2005). Schaut man sich die entwickelten Methoden dann aber genauer an, so findet man zwar differenzierte Beschreibungen von organisatorischen und verhaltensrelevanten Schritten für die Beratung. Die konkrete methodische Untersetzung der im Konzept so groß angekündigten „Selbstwirksamkeit", eine Operationalisierung der Schritte, wie es gelingen kann, KlientInnen wirklich als Subjekte abzuholen und einzubeziehen, werden ausgespart und offenbar der persönlichen Fähigkeit der SozialarbeiterIn überlassen. Es gibt in der Fachliteratur nur wenige Autoren, die sich explizit auch methodisch der Motivierungsaufgabe stellen (z.B. Gehrmann und Müller 2007). Gerade aber dieser wichtige Aspekt sozialpädagogischer Arbeit sollte nicht irgendwie und nach Intuition gelöst, sondern professionell orientiert werden. Die Klientenzentrierte Beratung aber kann nun genau auf dieser Handlungsebene professionelle methodische Unterstützung geben. Das qualifiziert sie zur idealen Partnerin aller subjektorientierten Hilfeformen, die ihrerseits die konkrete Ebene der Kommunikationsmethode für ein Selbstengagement der Klientel nicht explizit in ihrem Ansatz ausformulieren.

Im abschließenden Kapitel 5 dieses Buches werden verschiedene Beispiele Sozialer Arbeit besprochen und als Übungsfälle vorgestellt, bei denen verschiedene andere methodische Zugänge mit der Klientenzentrierten Methode verknüpft werden.

3.5 Klientenzentrierte Beratung im Kontext sachbezogener Beratung und praktischer Hilfestellungen

Mit Thiersch (1989, 1993, 2005) wurde oben bereits darauf verwiesen, dass Beratung im sozialpädagogischen Kontext auch andere Inhalte und andere Themen zu bewältigen hat als vergleichsweise eine eher therapieorientierte Beratung. Dies sind vornehmlich Themen aus dem Alltag der KlientInnen. Thiersch (1989, S. 185) spricht hier von einer „Vorderbühne" mit ihrer alltäglichen Komplexität und Vielschichtigkeit. Ein Wegschieben dieser „Vorderbühne" blendet den Eigenwert der persönlichen Erfahrungen aus, entwertet sie, übersieht sie und macht es damit vielen Menschen, die Beratung brauchen, schwer, Beratung zu suchen, sie anzunehmen und für sich zu nutzen. Eine für die Soziale Arbeit geeignete Beratungsmethode muss also diesem ganzheitlichen Ansatz der Alltagsorientierung entsprechen, damit sie in der Lage ist, solche Menschen zu unterstützen und anzusprechen, die ihre Lebenswelt und Lebenslage als komplexe Einheit erleben und nicht in der Lage und willens sind, einzelne, etwa die psychologischen Themen, aus diesem Zusammenhang herauszulösen und einem Spezialisten vorzutragen.

3.5.1 Klientenzentrierte Beratung und die unterschiedlichen Typen Sozialer Arbeit

Soziale Arbeit und damit Soziale Beratung kann alles zum Thema haben, was den Alltag ihrer Klientel bestimmt. Und das heißt, sie darf sich nicht auf das Verstehen von Emotionen beschränken, sondern muss ebenso informierend, stützend, sichernd und begleitend tätig werden. So können z.B. neben Beziehungs- oder Erziehungsfragen, neben Überforderungsgefühlen oder der erlebten Einsamkeit ebenso der letzte Besuch bei der Arbeitsagentur, der Streit mit dem Lehrer des Sohnes, der Wohngeldantrag, die finanzielle Situation der Familie oder die Vor- und Nachteile einer Ausbildungsmaßnahme Thema einer Beratung sein.

Herriger z.B. betont, dass im Rahmen des basalen Sicherungs- und Unterstützungsmanagements (vgl. Herriger 2002, S. 83 ff.) Beratung einen thematisch anderen Charakter hat und haben muss als etwa beim biografischen Lernen oder im Kompetenzdialog (ebenda, 2002, S. 95).

Thiersch bringt das Verhältnis zwischen Sozialer Beratung und Sozialer Arbeit wie folgt auf den Punkt:

„Soziale Beratung ist Kommunikation. Hilfe im Alltag – Casemanagement, Caremagement, Ressourcenarbeit ist mehr: Es bedeutet ebenso die Vermittlung materieller Unterstützungen wie das Arrangement von hilfreichen Lebenssettings, ist auch Verwaltung und Organisation; dass Beratung sich in der Praxis mit diesen Unterstützungen verbindet, ja vermischt, ist Problem in vielen Arbeitsvollzügen" (Thiersch 2005, S. 133).

Es bedarf also eines Verständnisses von Sozialer Beratung, das sachliche Probleme und soziale Aspekte der Lebenswelten der Klientel ernst nimmt und als solche bestehen lässt.

Bei einer einseitigen Orientierung nur auf die Gefühlslage der KlientInnen bestünde im Rahmen Sozialer Arbeit in der Tat die Gefahr, dass die sachbezogenen Bereiche der Sozialen Arbeit verdrängt und unterlaufen würden. Diese Befürchtung äußert z.B. Kleve im Bezug auf die Klientenzentrierte Kommunikation, die, wie er sagt, einer psychologischen „Deutung sozialer Probleme" Vorschub leisten könnte. Das hieße für ihn, dass die Probleme des Klienten „ihm selbst, seiner psychischen Disposition" zugeschrieben würden und dass es nur darum gehen würde, „psychologische Entwicklungsprozesse beim Klienten anzuregen, die als Voraussetzungen der Problemlösung angesehen werden", während aber „die Umwelt, das Sozioökologische, das Milieu der Klienten unberührt" blieben (1999, S. 123).

Richtig verstandene Klientenzentrierte Beratung hat damit aber kein Problem: Biermann-Ratjen et al. gehen davon aus, dass in der Sozialen Arbeit Empathie bedeutet, zu erkennen, was der Klient gerade nötig hat, welche Beratungsebene die angebrachte und hilfreichste ist (Biermann-Ratjen et al., 2003, S. 197ff und 141ff). Am Verhalten der KlientIn sei dies oberflächlich betrachtet nicht immer erkennbar. Biermann-Ratjen demonstrieren sehr anschaulich an einem Beispiel, dass eine Frau, die scheinbar nur wegen der finanziellen Folgen einer Trennung von ihrem Mann bei einer BeraterIn vorstellig wird, eigentlich Unterstützung für eine Klärung der emotionalen Belastungssituation erhofft. Denkbar wäre es aber ebenso, dass sie ein solches Angebot, würde es ihr einfach aufgedrängt, als Einmischung und als unangemessen erleben würde, weil es ihr wirklich nur um Informationen zum Unterhaltsrecht geht (vgl. Biermann-Ratjen, 2003, S.202).

Das, was Sander über die notwendige Passung zwischen Klientenerwartung und Beratungsangebot in der Sozialen Beratung sagt, (Sander, 1999, S. 208ff), spricht ebenfalls dafür, dass ein Klientenzentriertes Gespräch im Sinne einer ständigen Verbalisierung emotionaler Erlebnisinhalte für die Soziale Arbeit nur in begrenztem Ausmaß und in spezifischen Situationen als sinnvoll anzusehen ist. Andernfalls wirkt sie grotesk (vgl. Biermann-Ratjen, 2003, S. 196) und entspricht den Karikaturen, die über die Klientenzentrierte Gesprächsführung kursieren und die z.B. auch Galuske in seiner Kritik aufgreift (Galuske, 2007, S.184). Der Jugendliche, der vom Sozialarbeiter Hilfe erhofft, eine Unterkunft für die Nacht zu finden, wird die Reaktion „Es bedrückt dich sehr, dass du jetzt nicht weißt, wo du heute Nacht schlafen kannst," natürlich als Ironie empfinden. Wenn der Sozialarbeiter sich auf diese Reaktion beschränken würde, wäre das tatsächlich ein Versuch, soziale und materielle Probleme auf psychische Probleme zu reduzieren und das wäre nicht nur albern sondern auch eine Verhöhnung des Betroffenen.

Die Notwendigkeit einer Unterscheidung und Differenzierung zwischen verschiedenen Inhalten Sozialer Arbeit wird – anders als es Kleve (1999) wahrnimmt – von den VertreterInnen der Klientenzentrierten Beratung also durchaus gesehen. Im Rahmen Sozialpädagogischer Beratung unterscheidet z.B. Straumann (vgl. Straumann 2000, S. 68) die „subjektbezogene Beratung" und die eher sachbezogene Beratung wie z.B. Information über Finanzquellen, Vermittlung von Kenntnissen über Kinderernährung usw.

In der subjektbezogenen Sozialen Arbeit geht es um Beratung und persönliche Unterstützung des Individuums sowie um psychisch berührende Themen und persönliche Betroffenheit. In der sachbezogenen Sozialen Arbeit geht es dagegen um die Auseinandersetzung mit sozialen oder materiellen Sachverhalten. Hier muss themenzentriert gearbeitet, muss informiert und aufgeklärt werden und hier werden auch Hinweise auf Lösungszugänge gegeben, da sie durch die Eigenaktivität der KlientInnen allein nicht erschlossen werden können. Hier bestimmen in erster Linie faktische Zusammenhänge, Sachzwänge und gesetzliche Vorgaben das Handeln. Meist müssen ganz einfach die erforderlichen Bedingungen geschaffen werden, damit die KlientIn ihren Alltag wieder bewältigen kann.

Auch Weinberger stellt fest, dass in der Sozialen Arbeit im Unterschied zur Psychotherapie das soziale Umfeld eine viel größere Rolle spielt. Die innere Erlebniswelt der KlientInnen ist in der Sozialen Arbeit nicht alles (vgl. Weinberger 2005, S. 35). Informieren und Handeln in Sachzusammenhängen sind auch für Weinberger unverzichtbare Bestandteile Sozialer Arbeit.

Sander (1999) unterscheidet bei der Entwicklung seines „integrativen Modells unterschiedlicher Beratungstypen" auf der einen Seite die Felder, in denen „das Problem erfahren wird" (ebenda, S. 34). Dies sind die drei Erfahrungsbereiche Lebenswelt, Beziehung und Selbst. Sie entsprechen nach Sander den psychologischen Dimensionen der Erfahrungen des Individuums im Austausch mit der Wirklichkeit (ebenda, S. 35). Zum zweiten differenziert er die Hilfeangebote:

- Information,
- Klärung und Deutung und
- Handlung und Bewältigung.

Diese drei methodischen Lösungsangebote sind nach Sander „nicht nur wichtige Bestandteile in einem Problemlösungsprozess, sondern stellen, zusammen mit der Art der Beziehung die konstituierenden Elemente jeden Kommunikationsprozesses dar" (vgl. auch Watzlawik, 2000).

Aus der Kombination der Erfahrungsbereiche (in denen die Probleme erlebt und vorgefunden werden) mit den Lösungs- bzw. Beratungsangeboten ergeben sich neun Felder, die Sander für eine Typologie von Beratungsvorgängen heranzieht (Sander, 1999, S. 36). Der größere Teil dieser möglichen neun Beratungstypen, die in der Sozialen Arbeit eine Rolle spielen, sind Sachberatungen, Informationsberatungen oder auch konkrete Bewältigungs- und Handlungsangebote. Letztere sind Situationen, bei denen nicht emotionale Gefühlslagen sondern praktische Probleme und Fragestellungen den Anstoß zur Beratung geben und Inhalt des Beratungsprozesses sind. Sachzentrierte und handlungsorientierte Beratung ist also auch für Sander ein notwendiger und wichtiger Anteil Sozialer Arbeit.

Dem Versuch also, letztlich jede Soziale Beratung doch wieder nur auf das persönliche Erleben einer KlientIn zu reduzieren, wird in der auf Soziale Arbeit bezogenen Klientenzentrierten Beratung eine deutliche Absage erteilt.

3.5.2 Rolle der Klientenzentrierten Beratung für die sach- und themenbezogene Soziale Arbeit

Heißt das nun, die Klientenzentrierte Beratung spiele für weite Bereiche der Sozialen Arbeit, nämlich für all die themen- und handlungszentrierten Beratungsphasen und Arbeitsansätze keine Rolle? Befinden wir uns im Zusammenhang mit sachlichen Themen und Aufgaben der Sozialen Arbeit sozusagen außerhalb des Zuständigkeitsbereiches Klientenzentrierter Beratung? Ist Klientenzentrierte Beratung, auch in ihrer alltagstauglichen Variante eine Methode, die nur als subjektbezogene Beratung einen Sinn macht?

Sander geht davon aus, dass „zielorientiertes, aktives Vorgehen und Interesse an den äußeren Aspekten eines Problems durchaus kompatibel mit dem personenzentrierten Beziehungskonzept sind" (Sander 1999, S. 37). Er führt dies auf die spezifische Beziehung zwischen BeraterIn und KlientIn zurück, die als Grundhaltung im Sinne von Akzeptanz, „commitment" (vgl. Sander, 1999, S.223), von Empathie (die sich eben nicht notwendig im Verbalisieren ausdrücken muss) und von Authentizität sehr wohl mit allen nur möglichen Beratungsinhalten zu verbinden ist.

Ähnlich sehen auch Biermann-Ratjen die Rolle und vielfältige Nutzbarkeit Klientenzentrierter Gesprächsführung für die Soziale Arbeit. Sie sprechen von der Bedeutung und Notwendigkeit einer generellen „gesprächspsychotherapeutischen Haltung in der Arbeit mit Menschen" (2003, S. 198).

Auch Weinberger formuliert, dass es notwendig sei, auch im Kontext der sachbezogenen Aufgaben und Themen die Beratungsarbeit in einer einfühlsamen Atmosphäre zu gestalten und dabei gleichzeitig immer offen für Gefühle zu sein (vgl. Weinberger, 2005).

Warum das so ist, lässt sich bei Rogers nachlesen: Rogers (1992 S. 29 ff.) berichtet, dass eine Vielzahl empirischer Untersuchungen z.B. im schulpädagogischen Bereich zu dem Ergebnis geführt haben, dass Empathie des Lehrers das selbständige Lernen und auch das Lernen rein sachlicher Inhalte wie das Erlernen von Mathematik oder Lesen bei den Schülern fördert. Die akzeptierende und empathische Haltung hilft Menschen grundsätzlich und auch weit weg von jedem therapeutischen Setting und jeder Thematisierung von Gefühlslagen „auf dem Weg der Entwicklung voranzukommen" (ebenda, S. 32).

Genau diese Wirkung aber hat Klientenzentrierte Beratung in der Sozialen Arbeit auch da und auch dann, wo es um sachliche Fragen und Zusammenhänge geht. Diese werden besser und leichter begriffen und es besteht eine viel größere Offenheit für neue Informationen und alternative Handlungsvorschläge, wenn diese sachlichen Inhalte in einer akzeptierenden, empathischen Atmosphäre vermittelt werden. Klientenzentrierte Beratung sieht sich selber also – im Sinne ihrer Grundhaltungen – auch da als hilfreich, wo es um sach- und themenbezogene Aufgaben und Hilfephasen Sozialer Beratung geht.

Damit bietet sich Klientenzentrierte Beratung im Kontext Sozialer Arbeit auch da als eine Art „Basismethode" an, wo nicht subjekt- sondern sachbezogen beraten wird. Es geht dabei zunächst um die Grundhaltung der Klientenzentrierten Beratung, die im Übrigen sehr wohl auch nonverbal ausgedrückt werden kann. Dennoch muss, so meine These, darüber hinaus auch das Verbalisieren von innerem Erleben genau hier seinen Platz haben.

Um es ein weiteres Mal festzustellen: Es soll dabei keineswegs darum gehen, sachliche Themen und Handlungszusammenhänge durch Verbalisieren und Spiegeln emotionaler Erlebnisinhalte zu verdrängen und damit auf die psychologische Ebene zu wechseln. Gemeint ist vielmehr, dass es wichtig und sinnvoll sein kann, bei Bedarf und Notwendigkeit auch in sachlichen oder handlungszentrierten Phasen einer Beratung bestehende und entstehende, die sachliche Problembearbeitung blockierende Gefühlslagen der KlientIn aufzugreifen und im Sinne der Klientenzentrierten Methode zu bearbeiten. Ähnlich wie z.B. in der Themenzentrierten Interaktion (Cohn 1975; Löhmer/Standhardt 2006) wird hier die Notwendigkeit erkannt, Störungen zu bearbeiten, die den sachlichen Auseinandersetzungsprozess blockieren oder beeinträchtigen.

Auch dann, wenn es scheinbar um rein sachliche Informationen geht, enthält jede Äußerung, sei es die von der KlientIn, sei es die von der HelferIn, neben dem Inhaltsaspekt ebenfalls einen Appell sowie eine Aussage zur eigenen Person, und sie teilt etwas mit über die Beziehung zum Kommunikationspartner (vgl. Schulz von Thun 2007). Deshalb übermittelt auch ein Gespräch über „sachliche Themen" explizite und immer auch implizite Botschaften der KlientIn (sowie der BeraterIn) über Wertvorstellungen, Gefühle, Sichtweisen, Erfahrungen und Wünsche. Emotional und motivational ist eine KlientIn also am Beratungsprozess immer mit ihrer ganzen Person beteiligt und betroffen, auch dann, wenn es scheinbar ausschließlich um sachliche Themen geht. Schließlich haben diese sachlichen Themen mit ihr selber und ihrem Leben zu tun. Ihre Motivation, ihre Betroffenheit, ihre innere Stellungnahme zu den erarbeiteten Lösungswegen spielen für den Hilfeprozess in der sozialpädagogischen Kooperation eine wichtige Rolle. Deshalb ist das Beachten von Gefühlen und Erleben der KlientIn gerade auch im Kontext scheinbar rein sachlicher Themen so wichtig.

So kann z.B. eine sachliche Information implizit und auch ohne Absicht der BeraterIn für die KlientIn Aspekte beinhalten, auf die diese – äußerlich mehr oder weniger sichtbar – emotional reagiert, etwa mit Schreck, mit Ärger, mit Genervtheit usw. Genau diese Gefühlslagen und emotionalen Reaktionen der KlientIn sollten wahrgenommen und berücksichtigt werden. Andernfalls blockieren sie mit hoher Wahrscheinlichkeit die Aufnahme von Informationen oder auch die innere Bereitschaft, sich mit den Informationen auseinander zu setzen und sich auf den Inhalt einzulassen.

Folgendes Beispiel zeigt, welche Gefühle durch eine bloße Information bei KlientInnen ausgelöst werden können und welche Bedeutung der Umgang mit diesen Gefühlen für den weiteren Verlauf des Beratungsprozesses haben kann:

Wenn eine Mutter nach langen Gesprächen endlich bereit ist, den Antrag für Hilfe zur Erziehung für sich und ihre Kinder zu stellen und die Mitarbeiterin des Jugendamtes sie entsprechend dem gesetzlichen Auftrag mit den Möglichkeiten des KJHG (Kinder und Jugendhilfegesetz; SGBVIII) bekannt macht, geht es hier eben nicht nur um Informationen, die „rüber gebracht" werden müssen. Diese Informationen und Beschreibungen erzeugen Vorstellungen, Assoziationen und sie lösen Gefühle aus, Angst vielleicht, den Wunsch, all das lieber wieder los zu sein, Scham, weil man jetzt so weit ist, dass man öffentliche Hilfe braucht etc. Wenn diese Gefühle nicht aufgefangen und aufgegriffen werden, kommen die Informationen nicht wirklich an und die Mutter wird sich nicht für die Hilfe selber engagieren können. Die Hilfe bleibt dann aufgesetzt, verordnet, angeordnet. Eine Chance, dass die geplante Hilfe die eigene Angelegenheit der Mutter wird, dass sie sich für sich selber anfängt zu engagieren, besteht aber dann, wenn es gelingt, die Mutter tatsächlich zu einer persönlichen Auseinandersetzung zu bewegen. Dies gelingt nur, wenn im Prozess der Aufklärung immer wieder auf die persönlichen Gefühle und Bedenken, die Vorstellungen und Hoffnungen der Mutter eingegangen wird. Und das gilt nicht nur dann, wenn diese ihre Gefühle und Bedenken deutlich auszusprechen in der Lage ist. Notwendig ist es ebenso, solche Gefühle und Bedenken zu erspüren und die Betroffenen dazu zu ermutigen, sie heraus zu lassen. Etwa so: *„Jetzt habe ich Ihnen erzählt, was da konkret auf Sie zukommen könnte. Sie sehen mich so zögernd an. Mir kommt es so vor, als wäre Ihnen jetzt gar nicht mehr so wohl bei dem Gedanken, auf was Sie sich da eingelassen haben."*

Es ist immer, auch bei den scheinbar sachlichsten Themen wichtig, auf versteckte Botschaften der KlientInnen zu horchen und sie durch aktives Zuhören und verständnisvolle Körpersprache ggf. zum Sprechen zu ermutigen und anzuregen. Auf diese Weise sichert Klientenzentrierte Beratung die unmittelbare Motiviertheit und die aktive Auseinandersetzung der Klientel mit den sachlichen Gegenständen der Problemlösung.

Im abschließenden Kapitel 5 dieses Buches werden verschiedene Beispiele besprochen und als Übungsfälle vorgestellt, bei denen es im Rahmen von Beratung um sachliche Fragen und Themen geht, bei denen aber Klientenzentrierte Beratung als Basismethode sinnvoller Weise ebenfalls eingesetzt werden sollte.

3.6 Engaging: Selbständige Beratungsmethode und gleichzeitig Basismethode für die Soziale Arbeit

Der hier für die Bedarfe der Sozialen Arbeit modifizierte Ansatz der Klienten-zentrierten Beratung soll mit dem Begriff „Engaging" erfasst werden. Damit wird zum einen an die weiter oben dargestellten Überlegungen von Gehrmann und Müller (2002) und Buchholz-Graf (2001) angeknüpft, die den Begriff „Engaging" für die motivierende Anfangsphase einer Beratung und eines Hilfeprozesses ver-wenden. Im vorliegenden Kontext aber bedeutet Engaging mehr: Engaging be-schreibt einen Handlungsansatz, der Klientenzentrierte Kommunikation in der Sozialen Arbeit, konsequent und alltagsorientiert angewendet und damit auf allen Ebenen und in allen Phasen und thematischen Handlungsangeboten Sozialer Ar-beit bei der Klientel einen Prozess anstoßen kann, der im Wesentlichen darin besteht, dass die KlientInnen (wieder) beginnen sich für ihr eigenes Leben zu engagieren, dass sie selber tätig werden, Verantwortung übernehmen und aktiv an einer Bewältigung und ggf. auch Veränderung ihrer Lebenswelt (mit)arbeiten.

3.6.1 Engaging sichert die Subjektorientierung in der Sozialen Arbeit

Subjektorientierung ist kein Merkmal Sozialer Arbeit, das sich auf die indivi-duumbezogenen Ansätze beschränkt. Pädagogisches Handeln – auch solches, das sich als basale Existenzsicherung versteht und entsprechend aus solchen Kom-munikationsprozessen besteht, die in erster Linie informieren und handeln – tangiert ständig auch psychisches Erleben wie z.B. Gefühle, Erwartungen, Vor-stellungen, Widerstände und es löst unweigerlich psychische Prozesse und Vor-gänge wie Motivierung oder Demotivierung, Lernen und Einstellungsverände-rungen in den betroffenen Subjekten aus. Diese Seite der sozialpädagogischen Interaktion ist immer präsent und sollte nicht aus dem Blick geraten.

Es wäre deshalb eine vereinfachte Sicht von Sozialer Arbeit, wollte man nur im Bereich der subjektbezogenen Beratung die Gefühlslagen, die Betroffenhei-ten, die Motivationen und emotionalen Reaktionen der KlientInnen beachten und im Beratungsprozess auf sie eingehen. Arbeitet man mit einem so verengten Konzept von Sozialer Arbeit, so besteht die Gefahr, dass das Subjekt KlientIn in der Sozialen Arbeit aus dem Blick gerät, sobald es sich nicht direkt und unmit-telbar um die Bearbeitung innerpsychischer Themen handelt.

In jedem sozialpädagogischen Prozess ist der Mensch mit seiner ganzen Le-benswelt präsent: mit den sozialen, materiellen und räumlichen Lebensbedingen und Lebenslagen und den gesellschaftlichen Abhängigkeiten und ebenso mit seiner Persönlichkeit und seiner subjektiven Verarbeitung der von ihm erfahrenen Realität. Auch bei der Behandlung sachlicher Themen, die selber keinen psychologischen Inhalt haben, ist das Subjekt KlientIn immer lernend und empfindend an der Interaktion Sozialer Arbeit beteiligt.

Es kann deshalb, so das dem Konzept des Engaging zugrunde liegende Anliegen, keine Aufgaben oder Phasen in der Sozialen Arbeit geben, in denen die Berücksichtigung des Individuellen, Subjektiven, die persönliche Verarbeitung der Erfahrungen oder etwa auch innere Blockaden der KlientIn übersehen oder vernachlässigt werden dürfen.

Im Rahmen einer Sozialen Arbeit, die in hohem Masse der Individualisierung gerecht zu werden versucht (wie etwa im lebensweltorientierten Ansatz; vgl. z.B. Böhnisch et al. 2005), beinhaltet die Wahrnehmung der KlientIn als ein Subjekt nicht nur das Wissen um die Einmaligkeit und den biografischen Eigensinn dieses Individuums. Subjektorientierung bedeutet selbstverständlich auch die Realisation und Berücksichtigung der individuellen, psychischen wie biologischen Existenzform des Menschen, welcher zwar nicht isoliert von seiner Lebenswelt gesehen werden kann, welcher aber als Individuum auch nach psychologischen Gesetzen funktioniert und als eigenständiges, empfindendes Individuum reagiert, empfindet und lernt.

Hier ist Kleve Recht zu geben, der darauf hinweist, dass „äußere", z.B. soziale Veränderungen, nicht in jedem Fall ausreichen, um die klientären Probleme zu lösen (Kleve 1999, S. 127f). Er zitiert Göppner (1996): „dass der Austausch mit dem Umfeld zwar davon abhängt, welche Möglichkeiten dieses bietet, aber auch davon, welche Optionen der Person durch ihre inneren Strukturen zur Verfügung stehen" (Göppner 1996, S. 38)

Ein Verzicht aber auf Einbeziehung der psychischen Seite und auf die entsprechenden methodischen Bemühungen um eine Vitalisierung und Aktivierung der KlientIn in eigener Sache („innere Aushandlung") wäre der Verzicht darauf, sie als eigenständige, selbst gesteuerte Menschen, als Subjekte ihres Lebens zu sehen. Der zweifellos richtige Hinweis darauf, dass eine Psychologisierung der Sozialpädagogik den Gegenstand der Sozialen Arbeit verfehlt, darf deshalb nicht andererseits zu der Schlussfolgerung führen, dass das Subjektive, Individuelle, Psychische in der Sozialen Arbeit allgemein oder auch in Teilen der Sozialen Arbeit etwa keinen Raum hätte. Und das gilt unabhängig von der Frage, ob die konkrete Zielsetzung der jeweiligen Zusammenarbeit die Veränderung des Menschen selber oder eine Veränderung seiner konkreten Lebensbedingungen oder aber auch beides gleichzeitig ist.

Subjektorientierung ist eine selbstverständliche Ausrichtung lebensweltlicher Sozialer Arbeitsansätze. Sie steht deutlich und betont in Konzepten und in Zielbeschreibungen. Die Frage ihrer methodischen Umsetzung bleibt dabei meistens offen. Es ist eine leichtfertige Annahme, dass eine SozialarbeiterIn Akzeptanz und Verstehen einfach so umsetzen kann, nur weil sie es möchte. Klientenzentrierte Beratung im Sinne des Engagings kann diese Lücke schließen.

3.6.2 Engaging als Hintergrundmethode in der Sozialen Arbeit

So komme ich am Ende meiner Überlegungen – anders als z.b. Galuske (2005, S. 188) oder auch Kleve (1999, S 123) hinsichtlich der Reichweite der Klientenzentrierten Beratungsmethode im Rahmen der Sozialen Arbeit zu dem Schluss, dass sie in ihrer Variante des Engaging, also als alltagstaugliche Beratungsmethode, sehr wohl in jeder Situation und Konstellation Sozialer Arbeit und Sozialer Beratung relevant ist und genutzt werden könnte.

Kleve (1999, S. 123) unterstellt in seiner Kritik, dass Klientenzentrierte Beratung zu einer einseitigen Psychologisierung Sozialer Arbeit führen wird (s.o.). Er unterstellt, dass im Rahmen der Klientenzentrierten Beratung angenommen würde, die anzuregenden individuellen Entwicklungsprozesse wären als Lösungsansätze immer bereits hinreichend. Dies kann für das Engaging klar zurückgewiesen werden.

Im Engaging geht es um etwas anderes: Engaging kann bewirken, dass bei der KlientIn der Sozialen Arbeit motivationale und Kompetenzprozesse angestoßen und ermöglicht werden, die Lösungen im Rahmen ihrer aktiven Beteiligung und mit ihrer persönlichen, subjektiven Selbstverantwortung erreichbar machen. Engaging bedeutet damit also zweierlei:

1. Engaging ist eine **personenzentrierte Methode der Beratung,** die zum einen im ganz besonderen Maße die Subjektstellung der KlientIn fördert und die andererseits sowohl mit den etwas anderen Ausgangsmotivationslagen der Klientel in der Sozialen Arbeit umgehen und sie einbinden kann. Des weiteren ist sie in der Lage, die KlientInnen bei notwendigen Konfrontationen stützend zu begleiten und so diese Konfrontationen zum Ausgangspunkt aktiver und selbst bestimmter Lernprozesse zu machen.

2. Darüber hinaus – einerseits mit Blick auf Soziale Arbeit, die sich als personenbezogene Arbeit vielfältiger Beratungs- und Handlungsmethoden bedient und andererseits mit Blick auf sachbezogene Soziale Beratung – ist Engaging als Hintergrund- oder auch als **Basismethode** zu verstehen und anzuwenden, die immer und in jeder möglichen Situation und Konstellation Sozialer Arbeit hilfreich sein kann, weil sie die KlientIn als aktive, persönlich involvierte PartnerIn und KoproduzentIn möglicher Hilfen und Lösungsversuche sieht und fördert. Über die akzeptierende, empathische und authentische Grundhaltung hinaus sollte sie in allen Phasen und Beratungs-

situationen latent auch mit konkreten methodischen Elementen wie z.B. dem Verbalisieren von innerem Erleben bei Bedarf verfügbar sei.

Engaging ist eine sozialpädagogische Beratungsmethode, die generell dazu beitragen kann, die Subjektorientierung Sozialer Arbeit zu sichern. Der Begriff des Engaging kennzeichnet in unserem Sinne den Prozess der Bemündigung und Motivierung der Klientel.

4 Klientenzentrierte Beratung als Gegenstand der Sozialpädagogischen Ausbildung

Angesichts der Bedeutung der Klientenzentrierte Beratung und des Engaging stellt sich die Frage nach dem Ob und Wie einer entsprechenden Aus- und Weiterbildung von SozialpädagogInnen.

4.1 Die Grundhaltungen in der Klientenzentrierten Beratung

Das entscheidende Merkmal der Personenzentrierten Kommunikation sind die Grundhaltungen nach Rogers.

Bei der Anwendung der Klientenzentrierten Beratung im Kontext der Sozialen Arbeit muss eine ausreichende Sicherheit im Umgang mit den drei Grundhaltungen vorausgesetzt werden. Die Aneignung der Grundhaltungen ist deshalb im Rahmen des Erlernens der Klientenzentrierten Beratung, also auch des Engaging, unerlässlich. Liegt diese Grundkompetenz nicht vor, so muss sie in einem ersten Lernschritt erarbeitet werden, bevor eine Ausbildung im Engaging erfolgen kann.

Weiter oben wurde bereits darauf hingewiesen, dass gerade auch in der Sozialen Arbeit BeraterInnen sich sehr oft an den Klientenzentrierten Grundhaltungen orientieren. Ob sie diese in der Sozialen Praxis allerdings auch immer in der Weise interpretieren und umsetzen, wie sie im Sinne der Klientenzentrierten Kommunikation zu verstehen sind, wird in der Fachliteratur mitunter bezweifelt. Frenzel et al. machen z.B. darauf aufmerksam, dass es ein typischer Grundfehler insbesondere in der Sozialen Arbeit sei, zu versuchen, personenzentrierte Einstellungen „anzuwenden", „obwohl doch schon die Anwendung als Grundfigur für psychosoziale Beziehungsgestaltung prinzipiell einem radikal personenzentrierten Aufgabenverständnis widerspricht" (Frenzel et al. 2001, S. 382).

Bevor im Weiteren die Frage erörtert wird, wie die Aneignung dieser Grundhaltungen aussehen kann, sollen deshalb die Haltungen selber noch einmal in ihren entscheidenden Grundlinien in Anlehnung an Rogers (2005) und zum Beispiel an Frenzel et al. (1992), Weinberger (2005) und Sander (1999) nach gezeichnet und von Missverständnissen und oberflächlichen Interpretationen abgegrenzt werden.

Die **Variable Akzeptanz** wird oft missverstanden als ein „Sei lieb zum Klienten" oder als eine unreflektierte, grundsätzlich positive Einstellung allen Klienten gegenüber. Sie pervertiert dann sehr leicht zu einer verlogenen, aufgesetzten, scheinbar permissiven aber nicht wirklich so gemeinten Haltung.

Nicht selten wird die von Rogers geforderte, ‚bedingungslose Akzeptanz' falsch interpretiert als Nachgiebigkeit oder naive Großzügigkeit, als Bereitschaft, alles hinzunehmen, was eine KlientIn tut oder sagt. In diesem Sinn verstanden, erscheint die Forderung nach Akzeptanz verständlicher Weise als unecht, als nicht lebbar oder aber als gefährlich, weil sie die eigene fachliche Autorität zu untergraben droht.

‚Bedingungslose Akzeptanz' wird bei Rogers verstanden als ein Angebot der Zuwendung und Bereitschaft, sich auf den anderen einzulassen, aus der Überzeugung heraus, dass der andere ein liebenswerter Mensch ist, der Aufmerksamkeit und Zuwendung verdient. Akzeptanz ist eine Grundhaltung, die Rogers vergleicht mit „der Sorge ..., die Eltern gegenüber ihrem Kind fühlen", die ihre Kinder ja auch nicht in allem und jedem gutheißen, die aber an die positiven Seiten und Optionen ihrer Kindern glauben (Rogers 1992, S. 12). Bedingunglose Akzeptanz ist zu verstehen als Bereitschaft, sich zum „Bündnispartner der „eigentlichen Person", also dem Menschen zu machen, der der Klient neben seiner vielleicht problematischen Persönlichkeit ebenfalls ist, war und auch wieder werden kann. (vgl. Sander 1999 , S. 61).

Die **Variable Empathie** wird oft nur als Floskel begriffen, als „einerseits verstehe ich Sie ja, aber ...", und verkommt dann unweigerlich zu einer künstlichen, gespielten Haltung, die vorgibt, sich um Verstehen zu bemühen, dieses aber nicht wirklich tut.

Nicht selten wird Empathie außerdem gleichgesetzt mit der Technik „Verbalisieren emotionaler Erlebnisinhalte" und auf sie reduziert. Die platte Anwendung dieser Technik aber wirkt in vielen Gesprächssituationen zwangsläufig komisch und unangemessen (vgl. z.B. Galuske 2007, S. 185).

Sander definiert Empathie als ein „inneres Verstehen" im Unterschied zu einem Verstehen von außen, „mit einem Blick auf etwas" (Sander 1999, S. 54). Inneres Verstehen rührt von innen her, begegnet dem Gegenüber als einem Subjekt, ist mehr als ein rationales Begreifen oder nachvollziehen Können. So formuliert auch Rogers (1992, S. 28), Empathie bedeutet, dass man „die private Wahrnehmungswelt des anderen betritt und völlig in ihr heimisch wird."

Die **Variable Echtheit** als Grundhaltung ist etwas, was „nicht im Schein definiert werden kann", wie Sander (1999, S. 63) es formuliert. Echtheit kann also nicht künstlich hergestellt werden. „Sie basiert auf einem Wunsch und einer Risikobereitschaft des Beraters und ist keine plan- und machbare Technik" (ebenda, S. 63). Echtheit ist nur möglich, wenn das Interesse am anderen nicht geheuchelt wird und Verständnis nicht vorgespielt wird.

Vor allem ist Echtheit dann möglich, wenn die BeraterIn bereit ist, das Risiko einzugehen, eigene Hilflosigkeit zu erfahren und durch Gefühle selber stark erschüttert bzw. berührt zu werden. Und schließlich kann nur derjenige authentisch die Bereitschaft zu bedingungsloser Akzeptanz und zu vertieftem Verstehen aufbringen, der stark genug ist, sich trotz seiner Einfühlungsbemühungen neben dem anderen zu behaupten und sich selber mit seinen eigenen Gefühlen, Bedürfnissen und Gedanken zu respektieren. Denn nur dann läuft er nicht Gefahr, sich im Prozess der Akzeptanz und des Verstehens selber zu verlieren und z.b. von der Depression des anderen angesteckt zu werden (vgl. Sander 1999, S. 64).

Wichtig ist es auch, den inneren Zusammenhang der Variablen zu beachten. Frenzel et al. sind der Meinung, es sei besser, von nur einer Grundhaltung zu sprechen, da die genannten Grundhaltungen in ihrem funktionellen Zusammenhang als Einheit zu verstehen seien (Frenzel et al. 2001, S. 233). In der Klientenzentrierten Kommunikation ist der Zusammenhang der Variablen Akzeptanz und Verstehen unabdingbar. Sie sind beide auch nur wirksam, wenn sie gleichzeitig auftreten und wenn sie echt sind. Sie korrelierten in vielen empirischen Untersuchungen hoch signifikant (vgl. Sander 1999, S. 65) miteinander. Akzeptanz ist im Sinne der Klientenzentrierten Kommunikation also nur dann wirksam, wenn sie von Verstehen begleitet ist. Verstehen ist nur wirksam, wenn es von Akzeptanz getragen wird.

Schon in diesen kurzen Skizzen, die versuchen zu verdeutlichen, was die Grundhaltungen der Klientenzentrierten Beratung wirklich bedeuten, wird klar, dass eine Aneignung dieser Grundhaltungen mehr beinhalten muss und mehr erfordert, als eine Absichtserklärung oder das Antrainieren einer Technik. Eine BeraterIn, die diese Grundhaltungen wirklich in ihrer Arbeit umsetzen will, wird sich einem sicherlich nicht leichten, komplexen Aneignungsprozess stellen müssen, der ganz bestimmt auch eine persönliche Auseinandersetzung mit dem eigenen Berufsverständnis, der eigenen professionellen Rolle und dem eigenen Menschenbild beinhalten wird.

4.2 Erlernbarkeit der Klientenzentrierten Grundhaltungen und Techniken

Nach Rogers ist der Prozess der Aneignung von Haltungen nicht in der gleichen Weise trainierbar und planbar wie das Erlernen bestimmter Techniken oder bestimmter, auf der Verhaltensebene definierter Methoden.

4.2.1 Aneignungsprozesse der Grundhaltungen

Bei den Grundhaltungen der Klientenzentrierten Beratung handelt es sich nicht einfach um ein Arsenal von Techniken und konkret beschreibbaren Handlungsschritten, die systematisch und gezielt eingeübt werden können. Haltungen sind wesentlich komplexer. Sie beinhalten zunächst soziale Werte und Normen und erst in zweiter Linie bestimmte Verhaltenskorrelate. Will man Klientenzentrierte Kommunikation lehren, so ist es also erforderlich, einen Lernprozess zu organisieren, der es ermöglicht, Haltungen, und nicht bloße Verhaltenstechniken zu erlernen.

Beim Aneignen von Grundhaltungen muss es zuerst um das Verinnerlichen von ethischen Normen gehen, die damit dann Teil des Selbst und des Selbstverständnisses (vgl. Oerter/Montada 1998, S. 866), in unserem Fall des beruflichen Selbstverständnisses und der professionellen Identität, werden.

Grundsätzlich werden soziale Normen entweder über argumentative Vermittlung, per Übernahme durch Beobachtung oder über Konditionierungsprozesse erlernt. Entscheidend aber ist in jedem Fall, dass sie nicht durch Druck, Zwang oder Überreden angeeignet werden können. Solche Versuche würden sogar eher zu spontanem Widerstand gegen diese Normen führen (Reaktanz-Theorie; vgl. Brehm 1964, Rooney 1992). Nur wenn der Lernende die Veränderung seiner Normen oder die Übernahme einer neuen Norm auf eigene Motive und Überzeugungen zurückführen kann, wird eine wirkliche Internalisierung bei ihm stattfinden (Oerter/Montada 1998, S. 868).

Werden die Grundhaltungen nach Rogers ausschließlich als Wissensstoff vermittelt und wird nur argumentativ auf ihre Bedeutung hingewiesen, werden sie von Lernenden in der Regel nicht wirklich angeeignet. Grundhaltungen müssen erfahren werden können. Deshalb ist ihre Aneignung an konkretes Handeln geknüpft und bleibt ohne eine Umsetzung in Handeln abstrakt und folgenlos.

Durch die praktische Ausübung von Klientenzentrierter Beratung im Beruf oder auch in der Ausbildung kann diese unmittelbare Erfahrung mit den Grundhaltungen und ihren Auswirkungen auf die KlientIn und die Beratungsbeziehung gemacht werden.

Hier findet Aneignung der Grundhaltungen zum einen im Rahmen von Verstärkungslernen statt: Die Auszubildenden lernen, wenn sie als Beratende durch die direkte oder indirekte Bestätigung der KlientIn („Ja genau...!"; erhöhte Selbstexploration) erfahren, dass sie die erforderliche Grundhaltung erfolgreich realisiert haben. Entscheidend ist, dass sie die eigene beraterische Kongruenz mit der KlientIn wirklich erleben können. Eine weitere Lernstrategie besteht speziell im Rahmen einer Ausbildungssituation in der gezielten Rückmeldung durch die AusbilderIn oder auch durch die Mitlernenden.

Je häufiger die Lernenden diese Erfahrungen machen, desto eher entsteht bei ihnen in der Regel die Bereitschaft, in einer neuen Situation ebenfalls Akzeptanz und Verstehen einzubringen und zu riskieren. Das gilt allerdings nur dann, wenn die erlebte oder beobachtete Grundhaltung zum eigenen professionellen Selbstbild passt.

Das Lernen durch Beobachtung am Modell ist eine weitere, geeignete Möglichkeit, wie die Grundhaltungen angeeignet werden können. Als Modell fungieren hier die Mitlernenden, die z.B. während eines Rollenspiels beobachtet werden können oder auch die AusbilderIn selber. Aber auch hier wird die Übernahme der Haltungen nur dann gelingen, wenn eine Passung zwischen dem professionellen Selbstbild und den Grundhaltungen besteht, d.h., wenn die Roger'schen Grundhaltungen in das professionelle Selbstbildnis und Selbstverständnis des Lernenden passen.

4.2.2 Empathie und die Technik des Verbalisierens

Wenn die Grundhaltung eine so zentrale Rolle im Prozess- und Wirkungsverlauf der Beratung spielen, stellt sich die Frage nach der Bedeutung einzelner Methoden und Techniken der Klientenzentrierten Beratung im Verhältnis zu den Grundhaltungen.

Die Einzelmethoden oder Techniken der Klientenzentrierten Beratung sind keine fixen Methoden, die nach gleich bleibenden Regeln anzuwenden wären, betonen Frenzel et al. „Methoden und Techniken sind demnach nicht vorgefertigt und vorgenormt, sondern ergeben sich aus der praktischen Erfahrung (der Verwirklichung der Grundhaltungen) und ihrer kontinuierlichen Reflexion" (Frenzel et al. 2001, S. 228). Aus der beraterischen Beziehung und aus dem aktuellen Beratungsprozess sind von der BeraterIn folglich situationsspezifische Vorgehensweisen zu kreieren.

Auch für Rogers, so Frenzel et al., waren Methoden nur insofern relevant, als sie „als Kanäle für die Erfüllung der Grundhaltungen dienen" (ebenda, S. 232).

Die bekannteste Technik der Klientenzentrierten Beratung ist das „Verbalisieren emotionaler Erlebnisinhalte (VEE)". In vielen Schulen und Ausbildungsangeboten, die Klientenzentrierte Beratung vermitteln wollen, steht das Erlernen dieser Technik im Vordergrund. Wenn man nicht unterstellen will, dass in all diesen Fällen die Klientenzentrierte Methode auf eine bloße Verhaltenstechnik reduziert werden soll, so muss angenommen werden, dass hinter diesem didaktischen Vorgehen die Annahme steht, dass das Erlernen dieser besonderen Technik das Erlernen der Klientenzentrierten Kommunikation allgemein und damit auch der erforderlichen Grundhaltungen befördert bzw. befördern kann. Dies wird zu diskutieren sein.

Wichtig ist in diesem Zusammenhang der Hinweis verschiedener Autoren darauf, dass die Grundhaltung Empathie nicht einfach mit dem Verbalisieren emotionaler Erlebnisinhalte gleichzusetzen ist (Sander 1999; Biermann-Ratjen 2003; Rogers1992; Frenzel 1992). Diese besondere „Technik der Gesprächsführung" ist nur ein spezifisches und speziell für bestimmte Beratungssituationen sinnvolles Verhaltenskorrelat der Empathie. Es gibt ganz andere, z.b. nonverbale Möglichkeiten, empathische Botschaften zu senden. Empathie äußert sich z.b. auch in der so genannten Selbstexploration der BeraterIn (z.b. Ichbotschaft), wenn sich die BeraterIn über ihre Gefühle gegenüber der KlientIn und dem bei ihr wahrgenommenen Beziehungsangebot äußert. Empathie kann sich z.b. auch einfach darin zeigen, dass die BeraterIn begreift und akzeptiert, dass für ein Gegenüber in einer konkreten Situation Information und nicht Verstehen wichtig und erwünscht ist.

Welche Rolle kommt dann dem Erlernen der Verbalisierung emotionaler Erlebnisinhalte im Rahmen der Klientenzentrierten Kommunikation tatsächlich zu? Frenzel berichtet, dass Rogers im Verlauf der Zeit seine Vorstellungen zu dieser Frage modifiziert habe: Rogers' Sicht, so stellt er fest (Frenzel, 1992, S. 209) wandelte sich „von der „non-direktiven Beratung" mit einer noch vergleichsweise starken Betonung von Techniken hin zu einem Ansatz von Therapie, welcher den therapeutischen Erfolg entscheidend der „therapeutischen Beziehung" und dabei insbesondere der gelungenen Verwirklichung spezifischer „Einstellungen" durch den Therapeuten oder die Therapeutin zuschreibt.

Tatsächlich hat sich Rogers in seiner späteren Schaffensphase von einer Praxis distanziert, die meint, mit Einschätzskalen genau messbare Reaktionsweisen im Klientenzentrierten Beratungsprozess identifizieren und quasi normieren zu können. Für ihn geht in diesem Verständnis der komplexe und wesentlich durch innere Haltungen geprägte Kommunikationsprozess verloren. Rogers pointiert diese Sichtweise noch weiter: Letztlich sei es möglich, dann, wenn man die Grundeinstellungen wirklich von innen heraus internalisiert habe und im konkreten Gespräch einem Menschen gegenüber Akzeptanz und Empathie zu empfinden in der Lage sei, „was immer sich – durch das oben genannte Überzeugungssystem geprägt – dem Bewusstsein vermittelt, spontan-intuitiv zu tun, zu sagen und zu unterlassen" (Rogers, 1992,S. 231). Das aber heißt: Auf eine bestimmte Technik, ein konkretes Verhalten, also etwa auf das angemessene Verbalisieren von Gefühlen der KlientIn, kommt es letztlich gar nicht an. Eine BeraterIn, die von Akzeptanz und Empathie durchdrungen ist, muss sich nicht weiter den Kopf zerbrechen, was sie sagen und tun soll. Alles was sie unter dieser Voraussetzung tun wird, wird von der KlientIn als Verstehen und Akzeptanz erlebt werden und wird zu Recht als authentische Kommunikation gewertet.

Man kann an der Klientenzentrierten Beratung neben den Grundhaltungen durchaus auch konkretes, identifizierbares Verhalten ausmachen. Dieses alleine steht aber nicht schon für die Verwirklichung der Grundhaltungen. „Wenn man es als Technik verwendet, ist es nutzlos" (Rogers 1992, S.30).

Die Annahme, dass das Erlernen dieser Technik bereits die erforderliche Kompetenz Klientenzentrierter Kommunikation sicherstellt, birgt tatsächlich eine Gefahr: Die Verhaltenstechnik erscheint ungerechtfertigter Weise als pars pro toto der Klientenzentrierten Kommunikation insgesamt. Das intensive Bemühen um ihre Plan-, Kontrollier- und Erlernbarkeit verdrängt auf diese Weise sehr schnell den Blick für die Notwendigkeit und den eigentlichen Inhalt der Grundhaltungen selber.

Frenzel kritisiert dieses Vorgehen als einen Versuch, durch den gezielten Einsatz von Technik „eine Beziehung bewusst steuern zu wollen." Er spricht vom „psychosozialen engeneering" (Frenzel 1992, S. 222). Seiner Meinung nach ist der Technikboom in der Klientenzentrierten Gesprächsführung ein reiner Abwehrmechanismus: Hier zeige sich der Versuch „die (vielleicht nur unterschwellige) Wahrnehmung abzuwehren, dass der Klient oder die Klientin die Zuwendung der Person des Therapeuten oder der Therapeutin in ihrer ungeteilten Gesamtheit benötigt" (ebenda, S. 217). Frenzel identifiziert in dem beschriebenen, techniklastigen Vorgehen bei der Aneignung der Klientenzentrierten Beratung die Angst vor dem Anspruch, sich wirklich als Person auf den anderen einlassen und z.B. seine Gefühle und Empfindungen mit ihm zusammen aushandeln zu müssen.

Ein Erlernen der bloßen Technik ohne den gleichzeitigen Versuch, die Grundhaltungen in ihrer persönlichen Konsequenz und Tragweite zu entwickeln, wäre also ein unsinniges Unterfangen. Es würde die Klientenzentrierte Kommunikation zu einer bloßen Sozialtechnik degradieren und bliebe zudem auch weitgehend erfolglos, weil alles Verbalisieren nur dann zu tief greifenden Entwicklungen und Veränderungen in der KlientIn führen kann, wenn es auch als echtes Bemühen um Verstehen erlebt wird.

Die offenbar notwendige kritische Distanz zur Gesprächsführungstechnik „Verbalisieren emotionaler Erlebnisinhalte", die sich bei Rogers zeigt und von vielen Vertretern der Klientenzentrierten Beratung und Therapie geteilt wird, wirft die Frage auf, ob es überhaupt sinnvoll ist, das „Verbalisieren emotionaler Erlebnisinhalte" zu erlernen bzw. zu lehren.

4.3 Didaktisches Konzept des vorliegenden Ausbildungsansatzes

Im Folgenden soll das didaktische Konzept erläutert werden, das diesem Buch zugrunde liegt und das im Kapitel 5 umgesetzt wird.

4.3.1 Notwendigkeit der Verbindung von Technik und Grundhaltungen im Lernprozess

Gehrmann und Müller (1998) erachten für das Konzept „Familie im Mittelpunkt" die Klientenzentrierte Gesprächsführung als äußerst hilfreich, halten aber eine langwierige Grundausbildung in dieser Methode für überflüssig. Sie sprechen davon, dass im Rahmen ihres Ausbildungsgrundkurses für die Klientenzentrierte Gesprächsführung gerade mal 60 Minuten zur Verfügung stehen. Hier soll demnach kein Verhalten gelernt, sondern gleich versucht werden, exemplarisch die empathische und akzeptierende Grundhaltung erfahrbar und nachvollziehbar zu machen. Die Autoren gehen offenbar davon aus, dass diese Haltungen eher einer Überzeugungsarbeit bedürfen als eines eigentlichen Lernprozesses, und dass sich diese Haltungen, wenn sie einmal als notwendig und richtig erkannt wurden, im Rahmen konkreter Beratungsarbeit festigen und konkretisieren werden.

Im Unterschied zu Autoren wie Gehrmann/Müller oder auch Frenzel (s.o.) gehe ich sehr wohl davon aus, dass es sinnvoll ist, das spezifische Verhalten „Verbalisieren von Gefühlen und Betroffenheiten der Klientel" zu lehren. Die oben referierten Vorstellungen z.B. von Gehrmann und Müller erscheinen mir eher unrealistisch. Das Verwirklichen der Haltungen wird nicht allein dadurch schon gesichert und die Haltungen werden nicht schon dadurch internalisiert, dass die BeraterIn die entsprechende Einstellung kennt und anstrebt. Das zeigt sich z.B. in der erstaunlichen Stabilität der von Gordon und Weinberger aufgezeigten „nicht förderlichen Verhaltensweisen" (vgl. Gordon 1994, das „typische Dutzend"; Weinberger 2005, die „nicht-adäquaten Verhaltensweisen", S.71f), die bei BeraterInnen nicht einfach durch die Einsicht in deren Unproduktivität und Dysfunktionalität, sondern in der Regel erst durch einen immer wieder neu hergestellten Erfahrungs- und Lernprozess abzubauen sind.

Wenn ich hier die Position vertrete, dass es möglich sei, die Kompetenzen für Klientenzentrierte Beratung über das Erlernen der Technik „Verbalisierung emotionaler Erlebnisinhalte" aneignen zu können, ist mir dabei folgender Zusammenhang ganz wichtig:

Nur dann, wenn gleichzeitig mit diesem konkreten Verhalten die Grundhaltungen Akzeptanz, Empathie und Echtheit in authentischer Weise vermittelt werden, wird das konkrete Beraterverhalten vom Gegenüber als empathisches Verstehen erlebt und bei der KlientIn kommt die folgende implizite Botschaft tatsächlich an:

,Ich kann Sie als Mensch voll akzeptieren, ich bin Ihnen wohlgesonnen, stehe an (nicht auf!) Ihrer Seite, unabhängig davon, was Sie vielleicht getan haben oder denken. Ich knüpfe diese Akzeptanz an keine Bedingungen. Es interessiert mich, was sie fühlen und erleben. Und ich versuche zu verstehen, was in Ihnen

vor sich geht. Ich gebe Ihnen wieder, was ich verstehe, was ich sehe, sozusagen als mein Angebot an Sie, das Sie prüfen können, aufgreifen, wenn Sie wollen, richtig stellen, wenn nötig.....'

Wenn im Lehrprozess also darauf geachtet wird, dass das „Verbalisieren emotionaler Erlebnisinhalte" im Kontext einer akzeptierenden, zugewandten, empathischen und authentischen Haltung realisiert wird, wenn beim Prozess des Erlernens und Übens der „Verbalisierung emotionaler Erlebnisinhalte" immer wieder geprüft und reflektiert wird, ob eine Botschaft in diesem Sinn auch wirklich angekommen ist, wird neben dem Erlernen der spezifischen Verhaltenstechnik des „Verbalisierens emotionaler Erlebnisinhalte" gleichzeitig auch die Entwicklung der Grundhaltungen herausgefordert, mitentwickelt, reflektiert und angeregt.

Man könnte also das Erlernen der Klientenzentrierten „Technik" des Verbalisieren als einen Erfolg versprechenden, möglicherweise notwendigen Umweg beim Erwerb der erforderlichen Grundhaltungen der Klientenzentrierten Beratung ansehen.

4.3.2 Notwendige Erfahrungen der Lernenden mit dem Widerspruch von Technikanwendung und Empathie

Tatsächlich ist dieses Vorgehen ganz real eine Art Umweg, weil es zunächst sogar in einem scheinbaren Widerspruch zum eigentlichen Lernziel Empathie steht. Der bewusste Versuch nämlich, die Gefühls- oder Erlebensebene der Klientel konkret und mit eigenen Worten wiederzugeben, erschwert am Beginn des Lernprozesses bei vielen das Erlernen einer natürlichen, echten, klientenzentrierten, empathischen Gesprächshaltung, weil er ganz vorrangig den Verstand beansprucht und damit zumindest in der anfänglichen Lernphase eine wirkliche emotionale Einfühlung verhindert oder blockiert. Trotzdem halte ich diesen Umweg für legitim und für hilfreich, denn er führt bei vielen Lernenden zu dem entscheidenden Moment in ihrem persönlichen Lernprozess, bei dem sie die Notwendigkeit der empathischen und akzeptierenden Grundhaltungen für die Wirksamkeit ihrer Bemühungen selber entdecken.

Wie beim Erlernen des Autofahrens, muss beim Erlernen des „Verbalisierens emotionaler Erlebnisinhalte" in kleinen, zunächst künstlich isolierten Schritten und Zwischenschritten vorgegangen werden. Dadurch wirken die ersten Formulierungsversuche der Lernenden beim „Verbalisieren emotionaler Erlebnisinhalte" in der Regel steif, formalistisch und standardisiert. Wenn die Studierenden z.B. angehalten werden, ihre Verbalisierungen mit der Frage zu beenden „Habe ich Sie richtig verstanden?", so dient das dem Begreifen und der Internalisierung der Tatsache, dass es darum geht, dem Gegenüber eine Formulierung anzubieten, über deren Richtigkeit und Zutreffen allein er zu entscheiden hat. Stereotyp eingesetzt wirkt diese Frage am Ende der Äußerung allerdings steif und gestelzt. Aber erst mit einiger Übung kann diese Formel weggelassen werden, dann nämlich, wenn diese Frage an die KlientIn durch Körpersprache, Stimmgebung und den Inhalt der Aussage getragen wird und somit auch ohne die explizite Ausformulierung beim Gegenüber ankommt als direkter Ausfluss einer wirklich gefühlten Empathie. Erst dann verliert das Verbalisieren den Charakter starrer Floskeln und angestrengter Gedankenarbeit. Und erst dann verschmilzt es mit den Grundhaltungen Akzeptanz und Empathie und Echtheit zu einer Einheit.

Dies ist der entscheidende Moment im individuellen Lernprozess, von dem oben die Rede war, nämlich die Erkenntnis bei den Lernenden, dass die Anwendung des Verbalisierens als bloße Technik ohne die entsprechenden Grundhaltungen wenig sinnvoll ist: In der Regel stoßen sich die AnfängerInnen an der von ihnen empfundenen Gestelztheit und Unnatürlichkeit der Verbalisierungstechnik. Die Erkenntnis, dass sie als BeraterInnen tatsächlich als Personen, als mitfühlende, akzeptierende Personen gefordert sind, entsteht genau da, wo sie ein Gespür für die Unnatürlichkeit und Aufgesetztheit der reinen Technik entwickeln und selber herausfinden, dass diese Unnatürlichkeit schwindet, wenn sie durch Echtheit getragen, also wirklich auch erlebt und gefühlt wird. Klientenzentrierte Beratung ist nämlich eine emotional äußerst anstrengende Arbeit, wie die Lernenden dann erstaunt feststellen.

Der folgende Auszug aus dem Lernbericht eines Auszubildenden (Kirschenbaum 1979, S. 158f, zit. nach Frenzel, 1992, S. 216) macht den Weg und dieses entscheidende Moment des Begreifens der entscheidenden Merkmale Klientenzentrierter Kommunikation deutlich:

„Die Technik scheint täuschend leicht zu erlernen. Dann beginnt man zu üben. Ein falsches Wort hier und da. Man spiegelt nicht richtig genau das Gefühl, sondern spiegelt statt dessen den Inhalt. Es ist schwierig mit Fragen umzugehen. Man ist in Versuchung zu deuten. Nichts scheint so gravierend, dass man es nicht durch Übung ausbügeln könnte. ... Erst allmählich dämmert es einem, dass die Technik, wenn sie Recht hat, ein Gefühl der Wärme voraussetzt. Man beginnt zu spüren, dass die Einstellung das Entscheidende ist. Jedes kleine Wort ist nicht so wichtig, wenn man die richtige akzeptierende und gewährende Einstellung zum Klienten hat....... Für mich scheint hier der kritische Punkt zu liegen. Denn hier wird etwas von einem gefordert, was keine andere Person tun oder aufzeigen kann – und zwar, sich und seine Einstellungen zu anderen rigoros zu prüfen. ... In anderen Methoden kann man sich Werkzeuge schmieden und zur Hand nehmen, wenn man sie braucht. Aber wenn echte Wertschätzung und Permissivität meine Werkzeuge sind, dann erfordert dies nichts weniger als die ganze, vollständige Persönlichkeit."

4.3.3 Erlernen der klientenzentrierten Grundhaltungen im Rahmen des Erlernens von Techniken

Erst nach dieser Erkenntnis und sozusagen nach einer inneren Kehrtwende im Lernprozess – weg von der bloßen Technik hin zur Grundhaltung – ist das eigentliche Lernziel der Ausbildung ins Blickfeld gerückt. Dieser Prozess dauert seine Zeit. Für manche reicht dafür der Umfang eines Seminars mit seinen 30 Wochenstunden nicht aus.

Wollte man jedoch den beschriebenen Umweg umgehen, würde man sich in der Grundausbildung zur Klientenzentrierten BeraterIn darauf beschränken müssen, die Lernenden aufzufordern, die entsprechenden Haltungen „einfach so" aus dem eigenen Willen und vielleicht aus der eigenen Intuition heraus zu entwickeln und nur immer „mitfühlend dabei zu sein", so wie es offenbar Gehrmann und Müller (1998) empfehlen.

Es soll nicht bestritten werden, dass es auch andere Herangehensweisen an das Erlernen der Klientenzentrierten Kommunikation gibt. Z.B. würde es im Rahmen der „Personenzentrierten Spieltherapie" nicht so sehr darum gehen, Empathie auch im Verbalisieren, das heißt ja im Benennen von innerem Erleben ausdrücken zu können, sondern den Kindern durch nonverbales und verbales „Mitschwingen" mit ihren inneren Gefühlen und ihrem Erleben, Verstehen und Akzeptanz, Interesse und Bereitschaft zu Kontakt zu vermitteln. Gleiches gilt für den Kontakt suchenden, am Kind interessierten und mit ihm mitfühlenden Umgang von Eltern mit ihren Kindern, der nicht über das Erlernen von Verbalisierung angeeignet werden kann, sondern vor allem die Wahrnehmung des Kindes und seiner inneren Prozesse erfordert und die Bereitschaft, diese Wahrnehmung dem Kind durch entsprechendes Kontaktverhalten zu zeigen (vgl. z.B. den Ansatz des Video-Home-Trainings; Scheper/König 2000).

Dort aber, wo in einer Beratung mit Erwachsenen das Gespräch als Handlungsmedium dominiert, ist eine Aneignung der Klientenzentrierten Kommunikation über das Erlernen dessen, was Gordon (1989) als „Aktives Zuhören" bezeichnet, am ehesten gegeben.

Das Erlernen der Technik des Verbalisierens ist also zwar weder eine notwendige noch hinreichende Bedingung für die Aneignung der Grundhaltungen Empathie und Akzeptanz. Aber es ist eine hilfreiche Möglichkeit, weil sie konkrete Handlungen erfordert, innerhalb derer sich die anzueignenden Grundhaltungen manifestieren und entfalten können.

Letztlich hat auch Rogers einen solchen Zusammenhang gesehen und akzeptiert. Auch er ging davon aus, dass ein regelrechtes Erlernen der Grundhaltungen möglich ist. „Manche sind natürlicherweise sensibler dafür, was mit einer anderen Person passiert, aber ich weiß auch, dass Personen durch eine Ausbildung empathischer werden können" (Rogers 1992, S. 31). Und auch die Technik des Verbalisierens wird von ihm unter gewissen Bedingungen als ein Schlüssel für eine wirkungsvolle Klientenzentrierte Kommunikation angesehen: „Ist diese Technik ein Ausdruck der zugrunde liegenden Haltungen, dann wird sie nach meiner Einschätzung effektiv werden" (Rogers 1992, S.30). Ebenso ist für Frenzel die „Spiegeltechnik" möglicherweise auch „ein Instrument von künstlerischer Virtuosität in den Händen des aufrichtigen, intelligenten, empathischen Zuhörers." Wobei er warnt: „Sie kann aber auch zu einer Vulgärtechnik verkommen" (Frenzel 1992, S. 229).

Das Gesagte gilt sowohl für die klassische Klientenzentrierte Beratung als auch für das Engaging. Auch für das Erlernen des Engaging ist es selbstverständlich notwendig, dass die BeraterInnen in der Lage sind, das Verbalisieren von Gefühlsinhalten als Ausdruck wirklicher Empathie zu gestalten und nicht einfach eine Technik anwenden, mit der sie meinen, bestimmte Effekte erzielen zu können.

4.4   Lernstufen bei der Entwicklung der Klientenzentrierten Kompetenz

Engaging, also Klientenzentrierte Beratung im spezifischen Kontext der Sozialen Arbeit, stellt, wie weiter oben entwickelt, an die BeraterIn zu den grundlegenden Herausforderungen der Klientenzentrierten Kommunikation selber noch zusätzliche Anforderungen. Der Aneignung der Klientenzentrierten Beratung in diesem spe-zifischen sozialpädagogischen Rahmen muss zunächst aber eine „Grundausbildung" in Klientenzentrierter Gesprächsführung vorausgehen.

Die Grundmerkmale Klientenzentrierter Kommunikation im Sinne der erforderlichen Grundhaltungen einschließlich der konkreten Technik der „Verbalisierung emotionaler Erlebnisinhalte" sind am leichtesten zu erlernen, wenn man sich beim Üben zunächst auf ein Setting beschränkt, das die spezifischen Herausforderungen der Sozialen Arbeit noch nicht oder nur in Ansätzen enthält. Dies bedeutet im Rahmen einer solchen „Grundausbildung" zunächst eine Beschränkung auf solche Beratungsanlässe und -situationen, wie sie etwa in einer Beratungsstelle gegeben sind, die von beratungswilliger Klientel freiwillig aufgesucht wird. Dies sind zweifellos Gesprächsbedingungen, die in der Sozialen Arbeit eher selten anzutreffen sind. Aber erst wenn die Grundstruktur Klientenzentrierter Beratung einigermaßen beherrscht wird, ist eine Ausweitung und Übertragung auf die spezifischen Beratungsanlässe und -situationen der Sozialen Arbeit (Engaging) in den Übungen möglich bzw. erfolgversprechend.

Ich möchte deshalb von unterschiedlichen Lernstufen bei der Aneignung und Vermittlung der Klientenzentrierten Beratung sprechen, die im Rahmen der Sozialpädagogischen Ausbildung aufeinander aufbauen sollten:

Lernstufe I:
Hier geht es um das Erlernen der Grundlagen der Klientenzentrierten Beratung.

Lernstufe II:
Thema ist hier die Anwendung der Klientenzentrierten Beratung in spezifischen Situationen und Handlungsstrukturen der Sozialen Arbeit, also das, was hier als Engaging vorgestellt wurde.

Im vorliegenden Buch wird auf den Prozess der Lernstufe I nur kurz eingegangen. Es gibt geeignete Lehrbücher, die diesen Lehr- und Lernprozess begleiten und orientieren (Erwähnt sei hier vor allem der Band von Sabine Weinberger 2005: Klientenzentrierte Gesprächsführung. Eine Lehr- und Praxisanleitung für helfende Berufe).

Im Folgenden sollen nur einige zentrale Aspekte und Inhalte der ersten Lernstufe festgehalten werden, ohne deren Bewältigung eine Ausbildung auch im Engaging keinen Sinn macht.

4.4.1 Anforderungen der Klientenzentrierten Beratung an Lernende

Auch schon die ganz „normale" Klientenzentrierte Beratung stellt Anforderungen an die Lernenden, die für die meisten von ihnen zunächst sehr schwer zu bewältigen sind. Dies hat verschiedene Hintergründe:

Das hängt zum einen zusammen mit der oben skizzierten „üblichen, nicht-adäquaten" Reaktionsweise auf die Gefühlslagen und -botschaften unserer Mitmenschen (vgl. Gordon 1994, Weinberger 2005, S. 71f6). Die andere Art zu kommunizieren wird als merkwürdig und oft auch als unangenehm erlebt. Hier einige Aspekte:

- Offenbar ist es sehr schwer, die eigenen Ideen, Lösungsvorschläge und Ratschläge zurückzuhalten und der KlientIn die Klärung ihrer Lage selber zuzutrauen und zuzumuten.
- Für manche ist es geradezu unerträglich, sich nicht als Fragende, Forschende auf das Problem des anderen stürzen zu dürfen, um es kognitiv zu ergründen.
- Versucht man Studierenden die Klientenzentrierte Beratung näher zubringen, erlebt man bei ihnen oft heftige Widerstände. Sie empfinden die Klientenzentrierte Art zu reagieren meist als absurd und haben Angst, das Gegenüber könnte sich „veralbert" fühlen.

- Dieses Unbehagen der Lernenden hat vermutlich auch damit zu tun, dass sie es im alltäglichen Umgang miteinander nicht gewohnt sind, über Gefühle zu sprechen. Es erscheint peinlich und wenig „cool", Gefühle überhaupt anzusprechen bzw. starke Gefühle nicht zu beherrschen, sondern sie zu benennen und ihnen nachzufühlen.

Unsere alltägliche Kommunikation ist ganz und gar anders als die Art der Kommunikation, die in der Klientenzentrierten Beratung aktualisiert werden soll. Aktives Zuhören kommt nur in Ausnahmefällen darin vor, bei manchen Menschen sicherlich mehr, bei anderen weniger. Die spezifische Form der Klientenzentrierten Kommunikation ist also durchaus nicht alltagstypisch. Alltagsuntypisch heißt deswegen aber nicht alltagsfern. Wenn es darum geht, den anderen in seiner vertrauten aber immer auch bornierten Lebenswelt zu erreichen und dazu anzuregen, seine Lebenswelterfahrungen und sein Selbstkonzept zu reflektieren und infrage zustellen, so muss man sich auch alltagsuntypischer (aber deswegen keineswegs bedürfnisfremder) Kommunikationsformen bedienen, um diese Borniertheit zu erschüttern und aufzulösen.

Die Beschäftigung mit den „normalen", üblichen Reaktionen auf Gefühlsäußerungen bzw. den gefühlsmäßigen Anteilen der gesendeten Botschaften unserer Mitmenschen ist deshalb ein wichtiger Erfahrungs- und Lernschritt am Beginn der Ausbildung in Klientenzentrierter Beratung. Hier wird den Lernenden bewusst, wie sie gewohnt sind zu reagieren und welche Motive und Bedürfnisse bei ihnen dahinter stecken.

Wenn dann etwa nach der dritten Sitzung ein Gruppenmitglied berichtet, sie hätte bei einem Telefongespräch mit der Freundin, die wieder einmal einen furchtbaren Krach mit ihren Eltern hatte, die neue Gesprächsführungsart probiert und sei sich dabei die ganze Zeit völlig lächerlich vorgekommen. Aber aber am Ende habe die Freundin gesagt: „Was ist denn mit dir los? Heute hast du mir endlich mal richtig zugehört!" , dann beginnen die Lernenden die neue Kommunikationsweise allmählich ernst zu nehmen und in ihren Erfahrungsschatz zu integrieren.

Erst allmählich entwickeln Menschen die Sensibilität für die Wirkungen und Chancen einer Klientenzentrierten Kommunikation. Sie brauchen dafür konkrete Erfahrungen als BeraterInnen aber vor allem auch Erfahrungen in der Rolle der „KlientIn". Sie müssen erleben können, dass man in bestimmten Situationen ganz und gar bedürftig ist danach, dass ein anderer die eigene Gefühlslage versteht und dass man es als angenehm und normal empfindet, wenn dieser andere sein Verständnis dadurch beweist, dass er die angesprochenen Gefühle wiedergibt, anstatt z.B. zu erzählen, dass es ihm letztes Jahr genau so ging.

Eine weitere große Schwierigkeit beim Erlernen der Klientenzentrierten Kommunikation in der Lernstufe I besteht für viele der Lernenden darin, dass sie heftige Gefühle beim anderen ertragen und damit diese auch selber aushalten müssen. Das kostet enorme Kraft und fordert von der BeraterIn unerwartete Kosten an einer Stelle, mit der sie gar nicht gerechnet hat.

- Offenbar wird es von vielen anfangs als bedrohlich erlebt, heftige Gefühle des Gegenüber so stehen lassen zu müssen und sie nicht abmildern und „auf den Boden holen" zu dürfen. Die Befürchtung, die oft geäußert wird, die KlientIn könne sich in ihr Gefühl hinein steigern und dann nicht mehr kontrollierbare Reaktionen zeigen (im schlimmsten Fall Selbstmord bei Depression, Amoklauf bei Aggression), ist in der Regel unbegründet. Hiervon lassen sich die Lernenden oft erst durch längere entsprechende Erfahrungen überzeugen.
- Größer als solche Befürchtung hinsichtlich der KlientIn ist aber vermutlich die uneingestandene Angst davor, diese heftigen, meist ja unangenehmen Gefühle mitfühlen zu müssen, sich ihnen aussetzen zu müssen, ohne sich abschotten zu können (vgl. die oben angeführten Hypothesen von Frenzel 1992, S. 218).

Möglicherweise sind die hier skizzierten Anforderungen einer konsequenten Klientenzentrierten Kommunikation, die sich darauf beschränkt, der KlientIn die Möglichkeit zu geben, sich selber intensiver mit ihren eigenen Gefühlen zu beschäftigen und die die Bereitschaft voraussetzt, sich auf das andere Subjekt wirklich einzulassen, für werdende TherapeutInnen oder für PsychologInnen weniger irritierend und belastend als für SozialarbeiterInnen und solche, die es werden wollen. Im Selbstverständnis der SozialarbeiterInnen spielt der innere und äußere Handlungsdruck eine weitaus größere Rolle. Außerdem wird der KlientIn in der Sozialen Arbeit traditionell weniger zugetraut, ihre Probleme selber in den Griff zu bekommen. Subjektorientierung steht zwar groß in allen Konzepten lebensweltlicher Sozialer Arbeit, aber sie ist heute durchaus noch nicht und zum Teil auch schon wieder nicht mehr selbstverständliche Praxis. Gerade deshalb aber scheint mir das Erlernen der Klientenzentrierten Gesprächsführung im Kontext der Lernstufe I für SozialarbeiterInnen besonders wichtig und zwar aus zwei Gründen:

- Zum einen ist ein sicheres Beherrschen der Verbalisierungstechnik und der zugrunde liegenden Grundhaltungen wie Achtung, Empathie und Echtheit die Voraussetzung für Engaging, also eine sinnvolle Anwendung der Klientenzentrierten Beratung im Kontext spezifischer sozialarbeiterischer Situationen.

- Zum zweiten wird auch auf der Lernstufe I die Grundhaltung der Subjektorientierung in ganz eindringlicher Weise durch die Anwendung der Klientenzentrierten Beratung erarbeitet und gefestigt. Diese Grundhaltung aber ist konstitutiv für Soziale Arbeit im Allgemeinen.

4.4.2 Didaktisches Vorgehen und Inhalte bei der Vermittlung der Klientenzentrierten Kompetenz

Die allgemeinen Grundlagen der Klientenzentrierten Gesprächsführung werden im Rahmen der Lernstufe I am ehesten erlernt, wenn der Lernprozess so gestaltet ist, dass das konkrete verstehende Verhalten systematisch aufgebaut wird über Aufgaben und Übungen mit Schritt für Schritt größer werdender Reichweite und Schwierigkeit.

Gleichzeitig muss diese erlernte Verhaltenstechnik aber so bald wie möglich in einen möglichst realistischen, komplexen Kommunikationsprozess eingebunden werden, der die notwendigen Grundhaltungen erfordert, ihre Verwirklichung anregt und der gleichzeitig der Gesprächstechnik den realistischen, komplexen Rahmen setzt, innerhalb dessen sie sich als natürliches, echtes, wirklich empathisches Kommunikationsgeschehen entfalten kann.

Inhalte der Ausbildung auf der Ebene der Lernstufe I sind:
- Wahrnehmen der Gefühle der KlientIn
- „Mitschwingen" mit dem Klienten, aktives Zuhören
- Verzicht auf eine im üblichen Sinne aktive Rolle als BeraterIn
- Emphatische Botschaften senden
- Selbstexploration der KlientIn anregen

Auf der Lernstufe II soll es im Anschluss an die Grundausbildung im Wesentlichen um folgende Lerninhalte gehen:

- Beratung mit nicht motivierten KlientInnen
- Klientenzentrierte Beratung im Kontext von Konfrontation
- Klientenzentrierte Beratung im Kontext anderer und in Verbindung mit anderen Beratungsmethoden
- Klientenzentrierte Beratung im Kontext themenzentrierten, sachbezogenen Arbeitens.

Im Rahmen der Lernstufe I werden zunächst Vorübungen durchgeführt, die die Sensibilität und die Verbalisierungsmöglichkeiten gegenüber Gefühlen und Erleben anregen. Im zweiten Schritt sind „Trockenübungen" zur Verbalisierung geeignet, die noch ausreichend Zeit zum Überlegen, Abwägen und Formulieren zur Verfügung stellen. Danach beginnt die Durchführung kleiner Rollenspiele.

Nützlich ist es, wenn die Studierenden in den Zeiten zwischen den Kurseinheiten die Möglichkeit haben, ihr neues Können in vorsichtigen Schritten in der „Wirklichkeit" auszuprobieren, sei es in ihrem Bekanntenkreis, sei es in einer sozialpädagogischen Praxis. Und in der Phase der II. Lernstufe sollten Beratungsversuche mit „echten" KlientInnen für jeden Lernenden parallel zur Ausbildung stattfinden und auch supervidiert werden.

Die Aneignung der Klientenzentrierten Gesprächsführung und später des Engaging im Rahmen der Ausbildung selber erfolgt im Wesentlichen aber mit dem Medium Rollenspiel. Die Arbeit mit Rollenspielen wird hier verstanden als Methode für das Lernen in Gruppen, die geeignet ist, kommunikative Prozesse quasi in Simulation der Echtsituation zu erleben, zu bearbeiten und zu optimieren (vgl. Bliesener, 1994; Schaller, 2001). Besondere Intensität und Effektivität erhält dieser Lernprozess durch den Einsatz von begleitender Videotechnik.

Es wird darauf verzichtet, die Methode des didaktischen Rollenspiels im Detail und grundlegend vorzustellen. Die Kenntnis dieser Methode wird vorausgesetzt.

5 Klientenzentrierte Beratung im Kontext Sozialer Arbeit – Aneignung des Engaging

Der Klientenzentrierten Beratung stellen sich bei ihrer Anwendung im Bereich der Sozialen Arbeit besondere Aufgaben, die bewältigt werden müssen, damit dieser methodische Ansatz auch speziell hier seine Wirksamkeit entfalten kann.

Beim Einsatz der Klientenzentrierten Beratung in der Sozialen Arbeit, also beim „Engaging", sind die verschiedenen methodischen Aspekte und Umsetzungsebenen zu berücksichtigen, die weiter oben ausführlich dargestellt und theoretisch abgeleitet wurden (vgl. Kap. 3.3).

Die sich aus den spezifischen Bedingungen der Beratung in der Sozialen Arbeit ergebenden Umsetzungsebenen des Engaging werden wie folgt charakterisiert:

- Es geht zum Ersten um Situationen, in denen die KlientIn nicht oder nicht hinreichend intrinsisch für einen Beratungsprozess motiviert ist, bzw. in denen sie mit einer, aus Sicht der BeraterIn unangemessenen Erwartung an die Beratung herangeht.
- Zum Zweiten befasst sich das Engaging mit solchen Gesprächssituationen, in denen eine Konfrontation der KlientIn erforderlich scheint.
- Zum Dritten wird die Anwendung des Engaging in Verbindung mit anderen Beratungsmethoden oder sonstigen methodischen Ansätzen der Sozialen Arbeit vorgestellt und erarbeitet.
- Schließlich soll es darum gehen, dass und wie Engaging auch in solchen Gesprächssituationen hilfreich sein kann, in denen Sachthemen oder konkrete Handlungsalternativen im Zentrum stehen.

Beim Erarbeiten und Erlernen des Engaging auf den vier Umsetzungsebenen sind folgende Schritte nachzuvollziehen:

- Erläuterung der spezifischen Anforderungen der jeweiligen Gesprächssituation
- Analyse und Interpretation konkreter Beispiele

- Darstellung und Gegenüberstellung von einerseits üblichen und andererseits von klientenzentrierten Gesprächsverläufen in der jeweiligen Situation
- Übungsaufgaben, die es ermöglichen, orientiert am Modell des dargestellten Beispieles, Engaging umzusetzen.

Bei der praktischen Erarbeitung der Beispielfälle und Übungen sollte auf die theoretische Herleitung des jeweiligen Aspektes im Kapitel 3 zurückgegriffen werden.

Die einzelnen Kapitel bzw. Übungsschwerpunkte könnten auch in einer anderen Reihenfolge erarbeitet werden als hier vorgestellt. Sie bauen nicht zwangsläufig aufeinander auf.

In der Praxis des Engaging sind dann jeweils alle vier Umsetzungsebenen zu berücksichtigen.

5.1 Arbeit mit nicht motivierten KlientInnen

Beratungsgespräche, in denen die KlientIn kein wirkliches Interesse daran hat, in ein Gespräch einzusteigen, sind für jede BeraterIn problematisch. Auch BeraterInnen, die sich eigentlich um Klientenzentrierung ihrer Arbeit bemühen, kapitulieren nicht selten vor dieser Situation, weil sie sich der Voraussetzungen beraubt sehen, die sie für ihre Arbeit zu brauchen meinen: die motivierte, veränderungsbereite und engagierte KlientIn, die die Beratung wirklich möchte.

Für Soziale Beratung ist diese Ausgangssituation allerdings durchaus üblich. Es wird zu zeigen sein, wie das Engaging mit solchen Beratungsbedingungen konstruktiv umgehen kann.

Damit die Lernenden sich diese spezifische Herausforderung zunächst einmal vergegenwärtigen können, sollte die folgende Übung vorangestellt werden:

Rollenspiel-Übung (1): Motivierende Arbeit mit nicht motivierter Klientel

Spielen Sie den Erstkontakt in dem unten aufgeführten Fall! Versuchen Sie, die Mitarbeitsbereitschaft und die Gesprächsbereitschaft der KlientInnen zu wecken. Führen Sie das Beratungsgespräch so, wie Sie die Aufgabe bisher angegangen wären!

Fallbeispiel: Gesprächseinladung für eine säumige Mutter

Die Lehrerin hat der 10jährigen Ines einen Zettel für die Mutter mitgegeben, auf dem sie ihr mitteilte, dass Ines noch immer kein Sportzeug dabei habe und die Schule das nun nicht länger dulden könne. Die Schulsozialarbeiterin hatte der Mutter auf dem gleichen Zettel einen Gruß geschrieben und sie zu einem Gespräch eingeladen.

Die Mutter ist empört. Sie hat der Lehrerin schon vor Wochen gesagt, dass sie sich kein neues Turnzeug leisten könne. Aber die gibt einfach keine Ruhe. Die Mutter fühlt sich von der Schule schlecht behandelt und kommt wutentbrannt in das Büro der Schulsozialarbeiterin, um sich über die Lehrerin, die Schule und darüber zu beschweren, dass sie für sich und die zwei Kinder als allein erziehende Frau so wenig Geld hat.

Anregungen für die Auswertung des Rollenspiels:
- Wie reagierte die BeraterIn auf den Widerstand bzw. die mangelnde Eigenmotivation?
- Ist es ihr gelungen, die Klientin zum Beratungsgespräch zu motivieren?
- Wie geht es einer KlientIn, die mit einem von ihr nicht erwünschten Beratungsangebot konfrontiert wird?
- Was macht es hier so schwer, mit der Mutter wirklich ins Gespräch zu kommen?

Die Schwierigkeiten einer Beratung mit nicht motivierter Klientel sind durch das voraus gegangene Rollenspiel sicher erfahrbar und präsent geworden.

Nun wird es darum gehen, konkret zu erfahren, wie Engaging in einer solchen Situation agieren würde und sich diese andere Herangehensweise bei nicht motivierter Klientel durch eigene Versuche anzueignen.

KlientInnen, bei denen keine oder eine unzureichende Beratungsmotivation vorliegt, sind z.B.:

- „geschickte" KlientInnen,
- KlientInnen, die sich verweigern,
- KlientInnen ohne Problemeinsicht oder mit einer nach Meinung der Fachleute falschen Problemsicht,
- ängstliche und misstrauische KlientInnen.

Es empfiehlt sich, mindestens zwei der verschiedenen Variationen dieses Aufgabentyps im Rollenspiel durchzuarbeiten.

5.1.1 Motivierung „geschickter Klienten"

Eine Mutter kommt in die Sprechstunde der Bezirkssozialarbeiterin. Die Lehrerin ihres 9-jährigen Sohnes hat ihr mit Nachdruck empfohlen, sie solle zum Jugendamt gehen. Ihr Sohn sei in der Schule aggressiv und für die anderen Kinder eine Gefahr. Sie ist empört und fühlt sich von der Lehrerin gedemütigt. Das alles kann ihrer Meinung nach überhaupt nicht stimmen. Sie nimmt den Termin im Jugendamt jetzt zwar wahr, aber nur, um sich nichts vorwerfen lassen zu müssen. Sie hat kein Problem mit ihrem Jungen und weiß auch nicht, was das jetzt hier soll ...

Eine solche Klientin entspricht nicht im Geringsten der Vorstellung vom motivierten, engagierten, sich als hilfebedürftig sehenden Menschen, der auch noch bereit ist, sich und sein Verhalten zu hinterfragen oder hinterfragen zu lassen.

Eine BeraterIn, der klar wird, dass eine „geschickte" KlientIn vor ihr sitzt, wird dies deshalb erst einmal als ärgerliche Störung empfinden. Sie wird die unzureichende Motivationslage innerlich seufzend registrieren, aber wahrscheinlich wird sie versuchen, das Problem einfach zu ignorieren. Sie wird hoffen, dass es ihr gelingen wird, die Klientin im Verlaufe der Arbeit doch noch von der Wichtigkeit und Notwendigkeit der Beratung zu überzeugen.

So könnte unsere BeraterIn im beschriebenen Fall z.B. sagen: *„Die Lehrerin wird sicherlich einen Grund haben für ihre Aussage. Ich schlage vor, Sie erzählen mir einmal, wie es bei Ihnen zu Hause läuft und vielleicht können wir eine Möglichkeit finden, dass sich das Verhalten Ihres Sohnes in der Schule ändert."*

Ein solcher Einstieg würde von unserer Mutter vielleicht sogar akzeptiert. Aber sie würde vermutlich denken: *„Siehst'e, jetzt geht das los und alle mischen sich in unser Leben ein. War ja klar!"*

Es ist unwahrscheinlich, dass die Frau unter diesen Bedingungen für eine Bearbeitung von Problemen, die sie selber nicht sieht, die nur die BeraterIn und eben die Lehrerin sehen, wirklich bereit sein wird. Es ist nicht zu erwarten, dass sie die Klärung aktiv mittragen und das Ganze für ihre eigene Angelegenheit halten wird. Eher ist damit zu rechnen, dass sie die Beratung über sich ergehen lässt. Eine nachhaltige Wirkung ist so kaum zu erreichen.

Was wäre im Sinne des Engaging möglich?

Im Umgang mit „geschickten" KlientInnen würde im Sinne des Engaging die Aufgabe für die BeraterIn lauten: Die empfundene Störung offensiv und in völliger Akzeptanz zum Thema des Gespräches machen!

Wichtig ist vor allem, dass das Grundgefühl der „geschickten" KlientIn gesehen und verstanden wird: Sie ist von jemandem oder von den Umständen gedrängt worden, um Hilfe zu bitten, obwohl sie die Notwendigkeit dafür selber nicht sieht.

Das könnte etwa so klingen: *„Sie selber sehen eigentlich überhaupt keine Notwendigkeit, her zu kommen, finden das eher lästig? Vielleicht möchten sich nicht vorwerfen lassen müssen, etwas versäumt zu haben, aber so richtig wissen Sie nicht, was Sie hier sollen?"* Selbstverständlich sollte die akzeptierende Haltung sich auch in Stimmlage und Körperhaltung ausdrücken.

Wie oben schon angedeutet, kann diese Intervention durchaus auch dazu führen, dass die Klientin das angebotene Gespräch aus schlägt. Dieses Risiko besteht durchaus. Wenn es die Rahmenbedingungen erlauben, wäre es sinnvoll, auch einen solchen Ausgang zu akzeptieren.

Aber Menschen sind meistens durchaus daran interessiert, die „ganze Sache" aus ihrer eigenen Sicht zu erzählen, ihre Sorgen und Gedanken äußern zu können, ihre Deutungen mitzuteilen. Das allerdings können sie nur, wenn sie vom Gegenüber echtes Interesse dafür spüren und keine Angst haben und haben müssen, dass ihre Erzählungen ‚gegen sie verwendet werden'. Schefold berichtet, dass ein großer Teil der Mütter, die er hinsichtlich ihres Erlebens im Hilfeplanprozess befragt hat, aussagten, dass niemand ihre eigene Geschichte, ihre eigene Sicht auf das Problem hatte hören wollen (Schefold, 1998).

Fühlen sich „geschickte" KlientInnen erst einmal mit ihrer zurückhaltenden und eher skeptischen Einstellung akzeptiert und verstanden, werden sie eher bereit sein, der Aufforderung zu folgen, ihre eigene Geschichte zu erzählen: *„Haben Sie Lust, mir etwas von Ihrem Sohn zu erzählen? Wie sehen Sie ihn, so als Mutter?"*

Rollenspiel-Übung (2): Motivierende Arbeit mit geschickten KlientInnen

Versuchen Sie das folgende Gesprächsbeispiel im Sinne des Engaging zu gestalten!

Fallbeispiel: Suchtberatung

Ein junger Mann kommt in die Sprechstunde der Suchtberatungsstelle. Er habe kein Suchtproblem, sagt er bestimmt. Er habe seinen Alkoholkonsum voll im Griff. Aber seine Freundin sehe das anders und mache sich Sorgen. Und jetzt hätte er ihr versprochen, mal hierher zu gehen, einfach, damit sie beruhigt ist und ihn nicht länger nervt.

5.1.2 Motivierung von Klienten, die sich verweigern

Ganz ähnlich wie oben beschrieben sieht die Ausgangssituation aus, wenn KlientInnen nicht nur „geschickt" worden sind, sondern sich auch völlig verweigern.

> Herr Schneider kommt empört und verärgert zu einem Termin ins Jugendamt. Seine Frau hat für ihren Mann wegen der 12-jährigen Tochter Susanne einen Termin beim Allgemeinen Sozialdienst ausgemacht. Susanne ist in den letzten Wochen mehrfach nachts von zu Hause weggeblieben und hat in der Schule in den Leistungen drastisch nachgelassen, seit sie Kontakt mit einer Clique hat, die die Eltern als höchst problematisch einschätzen. Frau Schneider selbst war schon mehrfach deswegen im Jugendamt, aber ihren Mann konnte sie nie dazu bewegen, mitzukommen. Sie hofft nun, dass er einer amtlichen Einladung folgen wird. Die SozialarbeiterIn hat ihn auf ihre Bitte hin schriftlich eingeladen, weil sie auch der Meinung ist, dass eine Mitarbeit des Vaters in diesem Fall unbedingt erforderlich ist. Der kommt auch, ist aber empört über seine Frau und das Vorgehen des Jugendamtes. Er kommt eigentlich nur, um seinen Ärger abzulassen ...

In solchen Fällen bleibt einem Helfer scheinbar gar keine andere Wahl, als den Betroffenen wie auch immer „herum zu kriegen", ihn in irgendeiner Weise und im Zweifel eben auch durch äußeren Druck dazu zu bringen, das Gesprächsangebot anzunehmen. *„Wissen Sie, ich teile die Meinung Ihrer Frau, dass es wichtig ist, dass Sie als Vater mit in die Gespräche hier einbezogen werden. Schließ-*

lich sind Sie der Vater und Ihre Tochter macht doch wirklich ganz schön Probleme, oder sehen Sie das nicht so?" Die SozialarbeiterIn versucht damit, aus dem Klienten, der frei und bestimmt die Mitarbeit verweigert, durch Druck wenigstens einen „geschickten" Klienten mit extrinsischer Motivation zu machen und geht dann weiter so mit ihm um, wie es schon oben geschildert wurde.

Was wäre hier im Sinne des Engaging möglich?

Klientenzentrierte Beratung würde auch hier versuchen, die bestehende Ausgangslage und die Entscheidung des Klienten zu akzeptieren und nachzuvollziehen. *„Ich sehe, Sie sind empört, dass ich Sie einfach so zitiert habe und sind auch nicht bereit, dieses Gespräch mit mir zu führen?"*

Grundsätzlich besteht in diesem Fall nur die Wahl zwischen einem aufgezwungenen, ungewünschten Gespräch, das kaum zur aktiven Mitarbeit des Vater führen wird oder vielleicht sogar „noch mehr Porzellan zerschlägt" auf der einen Seite und einem verstehenden Eingehen auf die empörte und heftige Abneigung gegen das Gespräch andererseits.

Das Risiko, dass Herr Schneider dann wirklich geht und das Gespräch endgültig verweigert, ist zugegebener Maßen gerade hier nicht klein. Im Zweifelsfall muss diese Entscheidung auch akzeptiert werden, wenn nicht hoheitliche Aspekte (z.B. Kindeswohlgefährdung) oder eine Gefahr für Leib und Leben ein „Zwangsgespräch" erforderlich machen. (Und auch dieses dann erforderliche Zwangsgespräch würde im Sinne des Engaging zunächst den – dann freilich für den Klienten nicht vermeidbaren – Zwang zum Thema machen.).

Andererseits besteht die reale Chance, dass sich bei Herrn Schneider, in dem Maße, wie er sich akzeptiert fühlt und auf Verständnis für seinen Ärger stößt, der Zorn erledigt und er in die Lage versetzt wird, über dieses Ärgernis doch großzügig hinwegzusehen.

Rollenspiel-Übung (3) : Motivierende Arbeit mit KlientInnen, die sich verweigern

Versuchen Sie, das folgende Beispiel im Sinne des Engaging zu gestalten!

Fallbeispiel: Kinderschutzeinrichtung

Eine Jugendliche kommt mit ihrer Freundin zusammen zu einer Kinder-schutzeinrichtung. Die Freundin hat sie bedrängt, endlich zum Jugendamt zu gehen und von der Gewalt zu Hause zu erzählen.

Jetzt ist sie also hier, aber eigentlich will sie das Gespräch nicht. Sie fürchtet, dass man ihr sowieso nicht helfen kann. Sie hat Angst, von ihren Eltern erst Recht Druck zu kriegen. Sie hat nur dem Drängen der – wirklich guten und gut meinenden Freundin – nachgegeben. Sie möchte deshalb gleich wieder gehen.

5.1.3   Arbeit mit Klienten ohne Problemeinsicht

Eine weitere Variante nicht motivierter Klientel sind Menschen ohne jede Problemeinsicht oder mit einer nach Meinung der Fachleute falschen Problemsicht.

Eine junge Mutter, Frau Englisch, die ihre Kinder schon mehrfach gravierend vernachlässigt hat, weil sie mit ihrem jeweils neuen Freund nachts unterwegs war, sieht selber darin keinerlei Problem. Es sei ja nichts passiert, sagt sie. Die Kinder hätten einen tiefen Schlaf. Sie ist der Meinung, sie könne ihre Kinder durchaus alleine erziehen und alles liefe bei ihr zu Hause sehr gut. Ihr einziges Problem sei, dass sie derzeit mit ihren Finanzen nicht zurecht käme. Da könnte sie vielleicht Hilfe gebrauchen und sie wäre auch bereit darüber zu reden ...

SozialarbeiterInnen neigen dazu – gerade dann, wenn das Thema Kindeswohlgefährdung im Raum steht, ihre Problemsicht – weil fachlich begründet – für die richtige zu halten und können es schlecht ertragen und akzeptieren, dass KlientInnen ihre eigene Sicht auf die Dinge haben. Sie tendieren dann dazu, die Sicht der Betroffenen zu bekämpfen, sie von der „richtigen" Sicht überzeugen zu wollen, die „falsche Sicht" zu entlarven, zu widerlegen.

Eine Beschäftigung mit der Problemdefinition der KlientInnen würde hier den SozialarbeiterInnen wichtige Informationen über die Strategien ihrer Klientel zur Lebensbewältigung einbringen, über deren Deutungsmuster und über die Wertigkeit verschiedener Lebensbereiche aus Sicht dieser KlientInnen. Aber BeraterInnen glauben in der Regel, sich das nicht leisten zu können, wenn die Wahrnehmung der KlientInnen ihnen zu problematisch erscheint.

Eine in diesem Sinne typische BeraterInnen-Aussage wäre z.B. im oben skizzierten Fall: *„Aber Frau Englisch, Sie wissen doch selber, was alles hätte passieren können! Man kann doch kleine Kinder nicht einfach nachts alleine lassen. Und ihre Finanzen, gut, um die müssen uns auch noch kümmern, aber erst mal sehe ich da ganz andere Probleme!"*

Was wäre hier im Sinne des Engaging möglich?

Eine Problemsicht von KlientInnen ist fachlich vielleicht nicht haltbar, aber für die Betroffenen dennoch subjektiv richtig und wichtig. Problematisch wird diese subjektive Sicht freilich dann, wenn von den Betroffenen wichtige Belastungen übersehen oder geleugnet werden. Eine KlientIn aber, die nicht an ihrer eigenen Problemsicht abgeholt wird, die ihre Interessen und Ziele nicht wiederfindet in dem, was ein offizieller Hilfeplan schließlich enthält, die wird für eine Zusammenarbeit und auch für eine Beratung wenig motiviert bleiben.

Wenn die spezifische Problemsicht der KlientIn dagegen gesehen, angehört, akzeptiert und auch verstanden worden ist, wird die Betroffene sich nicht mehr in ihren eigenen Werten und Gewichtungen bedroht sehen.

In unserem Fallbeispiel wäre im Sinne des Engaging also folgende Reaktion auf die zitierte Aussage von Frau Englisch sinnvoll:*„Da gibt es für sie offenbar ganz andere Probleme. Aber was ihre Kinder und die Erziehung angeht, da fühlen sie sich sicher und sind stolz darauf, dass sie alles so hinkriegen, wie Sie es richtig finden."*

Wenn diese und weiter folgende Äußerungen der BeraterIn wirklich authentisch sind, wenn sie echtes Interesse an der Sichtweise der Mutter ausdrücken, dann erfährt die Mutter nicht eine grundsätzliche Kritik und Ablehnung für ihre Sichtweise und sie fühlt sich auch nicht angegriffen. Das bedeutet für sie: Sie muss im Gespräch nicht mehr darum kämpfen, dass sie die Dinge so sehen kann, wie sie sie sieht. Sie hat erst einmal keine Energie aufzubringen für den Beweis, dass sie ihr Leben im Griff hat und es auch am liebsten alleine im Griff behalten würde. Und auf dieser Basis kann Frau Englisch jetzt möglicherweise ihre provokative Haltung aufgeben und wird mit einiger Wahrscheinlichkeit nach einiger Zeit in kleinen Schritten einlenken: *„Ich weiß ja, dass das gestern für die Klei-*

nen nicht so gut war. Ich muss einfach das nächste Mal stur bleiben, wenn Swen wieder sagt, dass es doch nichts ausmacht, weil die Kinder sowieso schlafen ...".

KlientInnen werden durch Akzeptanz ihrer Problemsicht und Problemgewichtung (nicht zu verwechseln mit Zustimmung zu ihrer Problemsicht!) tendenziell offener für die Gedanken und Anregungen der BeraterIn. Es wird für sie dadurch oft erst möglich, die von ihnen gesetzte Wertigkeit ihrer Lebensbereiche selber zu hinterfragen und eine andere Problemwahrnehmung zuzulassen.

Rollenspiel-Übung (4): Motivierende Arbeit mit KlientInnen ohne Problemeinsicht

Versuchen Sie, das folgende Beispiel im Sinne des Engaging zu gestalten!

Fallbeispiel: Hausbesuch der Gesundheitsamts-Mitarbeiterin

Eine ältere Frau bekommt Besuch von einer MitarbeiterIn des Gesundheitsamtes. Die ist von einer Frau angerufen worden, die seit einigen Wochen für diese Nachbarin einkauft, weil die nicht mehr so gut laufen kann. Sie wird das aber nicht länger übernehmen können, weil sie für längere Zeit verreisen wird, und bittet darum, dass jemand nach der alten Dame sieht.

Die Wohnung sieht schlimm aus. Die alte Frau kann seit Wochen nicht mehr richtig laufen und sitzt den ganzen Tag daheim. Die Mitarbeiterin versucht, mit der Frau über ihre gesundheitliche Situation zu sprechen. Aber die hat nur eine einzige, dafür aber große Sorge: Ihr Fernseher ist kaputt.

5.1.4 Arbeit mit ängstlicher und misstrauischer Klientel

Ähnliche Anforderungen wie die Arbeit mit nicht oder wenig motivierter Klientel stellt die Ausgangssituation einer Beratung schließlich auch dann, wenn ängstliche und misstrauische KlientInnen zur Beratung erscheinen.

In einer Beratungsstelle für Arbeitslose erzählt ein Mann sehr defensiv und ziemlich wortkarg von seiner Lebenssituation. Er weiß noch nicht, was hier auf ihn zukommt und hält sich lieber bedeckt. Er überlegt sich seine Antworten genau, verharmlost alles, was er erzählt, um sich nicht angreifbar zu machen ...

Die BeraterIn meint, sie könne das Vertrauen von Herrn Grunert dadurch gewinnen, dass sie ihre eigene Vertrauenswürdigkeit versichert. *„Also Herr Grunert, Sie können hier wirklich ganz offen sprechen, ich bin ganz und gar auf Ihrer Seite. Also erzählen sie mal ganz frei heraus, was sie bedrückt!"*

BeraterInnen fordern ihre ängstlichen oder misstrauischen KlientInnen oft dazu auf, ihre Ängste einfach fallen zu lassen, und sie glauben, die KlientIn würde im Verlaufe des Gespräches schon merken, dass sie keinen Grund zur Angst hat.

Das Gefühl der KlientIn aber wird hier nur scheinbar akzeptiert. Tatsächlich wird die Ängstlichkeit durch eine solche Aussage als unnötig hingestellt und letztlich nicht zugelassen. Die KlientIn spürt, dass ihre Ängste nicht erwünscht sind und wird versuchen, sie im weiteren Gesprächsverlauf zu verstecken. Sie fühlt sich nicht wirklich angenommen, ihr Misstrauen wird möglicherweise eher noch größer. Ihre eventuelle Bereitschaft zur Kooperation steht auf tönernen Füßen.

Was wäre hier im Sinne des Engaging möglich?

Es ist wichtig, dass die BeraterIn das Misstrauen einer KlientIn, ihre Wut über das Eingeständnis des eigenen Versagens oder auch ihre Angst vor Stigma und Hohn Dritter akzeptiert, versteht und zulässt und dass sie vor allem diese Abwehrhaltung der KlientIn gegen die Beratung nicht auf ihre eigene Person bezieht.

Solchen KlientInnen wäre z.B. zu vermitteln,
- dass es völlig in Ordnung ist, wenn sie zunächst erst einmal dem Braten hier nicht so recht trauen wollen,
- dass es akzeptiert wird, wenn sie nur zögerlich und vorsichtig in den Kontakt einsteigen möchten.

In unserem Fall wäre also folgende Äußerung im Sinne des Engaging günstig: *„Herr Grunert, ich kann richtig spüren, dass sie hier sitzen und erst mal ganz vorsichtig sind, sich noch gar nicht richtig einlassen wollen auf unser Gespräch. Das ist ganz normal und in Ordnung. Sie können sich in Ruhe überlegen, ob Sie weitere Gespräche möchten."*

Oft ist es auch notwendig zu vermitteln, dass es durchaus normal ist, Enttäuschung darüber zu empfinden, dass man die Lösung eines Problems nicht alleine hin bekommen hat. Zum Beispiel könnte in unserem Fall folgende Botschaft wichtig sein:

„Ich habe den Eindruck Sie sind gar nicht begeistert, dass Sie sich jetzt hier meine Vorschläge anhören sollen, wie sie ihr Leben wieder in den Griff bekommen. So auf andere Menschen angewiesen wollten Sie eigentlich nie werden? Oder täusche ich mich?".

Die Empathie für die motivationale Ausgangslage der Klientel verbunden mit dem deutlich vermittelten und ernst gemeinten Interesse an den bisherigen Lösungsversuchen der Betroffenen, an ihren Überlegungen, Zweifeln, Befürchtungen kann in vielen Fällen Barrieren abbauen, in kleinen Schritten das Vertrauen wachsen lassen und den Einstieg in Beratung und Selbstexploration möglich machen.

Rollenspiel-Übung (5): Motivierende Arbeit mit ängstlichen und misstrauischen KlientInnen

Versuchen Sie, das folgende Beispiel im Sinne des Engaging zu gestalten!

Fallbeispiel: Gespräch im Allgemeinen Sozialdienst

Nachdem der 11-jährige Georg in der Schule aufgefallen ist, weil wiederholt sein Oberarm mit blauen Flecken übersät war und er offenbar aus Hunger den anderen Kindern das Pausenbrot gestohlen hat, entschloss sich der Sozialarbeiter des Allgemeinen Sozialdienstes dazu, die Mutter ins Amt zu bestellen.

Vor dem Sozialarbeiter sitzt nun eine unsichere, eingeschüchterte Frau, die versucht, ihre Situation möglichst harmlos und unproblematisch darzustellen. Es wird deutlich, dass sie Angst hat, dass man ihr die Kinder weg nimmt, wenn sie sagt, was zu Hause wirklich los ist und was alles nicht klappt.

5.2 Arbeit mit KlientInnen, die eine unangemessene Motivation für Beratung mitbringen

Neben der zu geringen Motivation für Beratung stellen auch unangemessene Erwartungen der KlientIn eine große Schwierigkeit für den Beratungseinstieg und -verlauf dar. Die KlientIn kommt durchaus motiviert zur BeraterIn und sucht Unterstützung und Hilfe, ist aber nicht bereit oder darauf eingestellt, sich an dem Prozess der Lösungssuche aktiv zu beteiligen. Auch eine solche Erwartung wird eine BeraterIn sicher oft als Störung empfinden und als eine Ausgangssituation, die ihren Vorstellungen von einer Beratung nicht entspricht. Hier stellen sich neue Aufgaben und Herausforderungen.

Es empfiehlt sich auch hier, mindestens zwei der verschiedenen Variationen des Aufgabentyps im Rollenspiel zu erarbeiten.

5.2.1 Arbeit mit hilflosen KlientInnen

Eine Jugendliche sitzt seit zwei Stunden im Büro der Schulsozialarbeiterin und weint. Es ist nur soviel klar, dass diese Tränen etwas mit einer Klassenarbeit und einer ihrer Meinung nach ungerechten Entscheidung einer Lehrerin zu tun haben. Alle Versuche der SozialarbeiterIn, mit ihr zu sprechen, scheitern. Sie will mit niemandem reden, sie will nur hier sitzen dürfen. Alle Versuche, etwas mehr über den Vorfall zu erfahren, laufen ins Leere. Alle Fragen bleiben unbeantwortet. Alle Vorschläge, was sie jetzt tun sollte, werden mit Kopfschütteln abgelehnt. Das Mädchen ist am Ende oder glaubt es zu sein. Sie kann sich nur noch vorstellen, dass andere kommen, und sie aus der Lage befreien und die Probleme für sie in die Hand nehmen.

Für eine BeraterIn ist dies eine schwierige Situation, denn das Ziel einer jeden Beratung im sozialpädagogischen oder psychosozialen Sinne ist ja die aktive Auseinandersetzung des Betroffenen mit seinen Problemlagen. Die Hilflosigkeit und die demonstrative Resignation verbieten sozusagen ein entsprechendes Gesprächsangebot und stellen seinen Sinn infrage.

Folgende Beraterreaktionen auf eine solche Situation sind typisch: Hilflos erscheinende Menschen lösen bei ihren Mitmenschen und auch bei SozialarbeiterInnen nicht selten das Bedürfnis aus, „einfach nur helfen zu wollen". Auf die gezeigte Hilflosigkeit hin wird aktiv und möglicherweise voreilig mit Lösungsangeboten, Unterstützungsangeboten und Ratschlägen reagiert.

Zum Beispiel kann es sein, dass die Betreuerin dem Mädchen anbietet, mit der Lehrerin zu sprechen oder sie erst Mal nach Hause zu bringen. Das wäre sicher nicht weiter schlimm. Aber das Mädchen hat auf diese Weise – vielleicht zum x. Male – erfahren, dass ihre Hilflosigkeit bedient wurde, ohne dass sie sich selber auch nur um den Ansatz einer Lösung hatte bemühen müssen.

Hilflosigkeit und Ohnmachtsgefühle der KlientInnen werden durch ein solches fürsorgliches Verhalten zwar oberflächlich beruhigt, sie werden aber letztlich eher verstärkt. Es ist nicht leicht, der Versuchung zu widerstehen, bei offen gezeigter Hilflosigkeit schnell und sofort zu helfen. Es fällt enorm schwer, hier einen Weg zu beschreiten, der dem anderen verdeutlicht, dass man an seine Fähigkeiten glaubt, seinen Ideen und Gedanken vertraut aber auch seine Gefühle ernst nimmt.

Ein anderer, sehr verbreiteter Fehler im Umgang mit solchen Situationen ist es, diesen Menschen ihr Gefühl von Hilflosigkeit und Ohnmacht ausreden zu wollen, es ihnen sozusagen streitig zu machen. Das klänge etwa so: *„Na, komm schon Katrin, so hilflos bist du doch gar nicht. Wenn ich daran denke, wie gut du das neulich mit der Frau Ochsenknecht hingekriegt hast!."*

Auf diese ermunternde Intervention hin (möglicherweise von der Beraterin als ressourcenorientiert verstanden) würde Katrin sich wohl erneut in ihre Tränenflut zurückziehen und ihre absolute Hilflosigkeit noch deutlicher demonstrieren.

Was wäre hier im Sinne des Engaging möglich?

Menschen, die sich überhaupt nichts mehr zutrauen, brauchen die Erfahrung und Erkenntnis, dass das, was sie können und machen, durchaus in einigen Aspekten gut ist und ihr Leben lebenswert und sinnvoll macht. Sie brauchen die Erfahrung, dass sie trotz allem liebenswerte Menschen sind. Wichtig ist allerdings, dass sie diese Erfahrungen auch wirklich machen können und sie ihnen nicht eingeredet werden, wie dies im obigen Beispiel versucht wird. Eine Erfahrung lässt sich nicht durch Behauptungen ersetzen, und seien sie noch so gut gemeint.

Der erste Schritt zur Erfahrung von Selbstwert und Eigenkompetenz wäre wohl zunächst einmal das Erleben von Akzeptanz, Wertschätzung und von Interesse der BeraterIn.

In unserem Beispiel könnte die Äußerung: *„Du bist so verzweifelt, du glaubst, du bist richtig am Ende. Du kannst nicht einmal mehr über das Problem reden, so elend ist dir!"*, dem Mädchen erst einmal die Gewissheit geben, dass sie angenommen und verstanden wird. Das wird mit einiger Wahrscheinlichkeit und nach einiger Zeit dazu führen, dass sie nicht weiter mit der verzweifelten Darbietung ihrer Hilflosigkeit darum meint kämpfen zu müssen, dass die Sozialarbeiterin sieht, wie schlimm es ihr wirklich geht. Sie kann irgendwann vermutlich doch anfangen, vorsichtig über ihre Verletzungen und ihre Angst zu sprechen.

Das Erleben von Verstehen und Akzeptanz sind elementare Erfahrungen, die den Weg zu den eigenen Ressourcen und dem eigenen Wert weisen.

Rollenspiel-Übung (6): Motivierende Arbeit mit hilflosen KlientInnen

Versuchen Sie, das folgende Beispiel im Sinne des Engaging zu gestalten!

Fallbeispiel: Krankenhaussozialarbeit in der Kinderklinik

Eine junge Frau hat ihr Baby in die Klinik gebracht. Das Kind nimmt keine Nahrung auf und sieht sehr krank aus.

Die Ärzte schicken die Krankenhaussozialarbeiterin zu der Mutter, die dageblieben ist und am Bettchen ihres Kindes sitzen will, die aber auf Fragen nur sagt, dass sie einfach nicht mehr weiter wisse. Sie hätte doch alles getan für das Kind. Aber es wolle eben nichts trinken.

Die Krankenhaussozialarbeiterin versucht, in einem Gespräch die Mutter dazu zu bewegen, ihre hilflose und resignative Haltung aufzugeben und mit ihr zusammen zu überlegen, was sie tun könnte.

5.2.2 KlientInnen wollen schnelle Lösungen

Ganz besondere Schwierigkeiten bereiten die KlientInnen, die eine schnelle Lösung von der BeraterIn fordern.

Ein Vater kommt in eine Beratungsstelle und erzählt von seinem Sohn, der seit einiger Zeit immer wieder nachts wegbleibt. Er weiß nicht mehr, was er noch tun kann. Und er möchte auf der Stelle einen Rat. *„Was würden Sie denn machen in meiner Situation? Sie müssen doch wissen, was man da machen kann. Sie haben das doch studiert, oder?"* ...

Sicher würde SozialarbeiterInnen hier manche gute Idee und manche hilfreiche Anregung einfallen, die das Wohlwollen und die Zustimmung des Vaters fänden. Das Heft nicht in die Hand nehmen zu wollen, keine Ratschläge oder Lösungen zu entwickeln, im Lösungsprozess nicht die Führung zu übernehmen, das fällt vielen SozialarbeiterInnen unglaublich schwer. Sie möchten die KlientIn in ihrer Erwartung nicht enttäuschen und befürchten möglicherweise, dass die KlientIn, sollten ihre Forderung nicht bedient werden, die BeraterIn als unfähig ansehen oder sich über den Tisch gezogen fühlen würde. Also wird der Forderung der KlientIn meistens nachgekommen.

Die Notwendigkeit, der eigenen Tendenz zu widerstehen, vorschnell Ratschläge zu geben, Lösungen zu entwickeln oder direkte Hilfe zu leisten, stellt sich gerade in der Sozialen Arbeit verschärft. Hier gehen ja tatsächlich viele KlientInnen davon aus, dass nicht sie es sind, die Lösungen finden und Lösungen entwickeln müssen.

Was wäre im Sinne des Engaging möglich?

Natürlich wird es mitunter auch Unmut bei KlientInnen auslösen, wenn ihrer Erwartung nicht entsprochen wird, wenn ihre Wünsche nach schneller Hilfe, nach Entlastung und nach Delegation der Probleme nicht sofort erfüllt werden.

Dieser Unmut der Klientel sollte akzeptiert, aber die Erwartungen sollten nicht unbedingt gleich erfüllt werden.

In unserem Beispiel klänge das etwa so: *„Sie sind enttäuscht, weil ich Ihnen jetzt nicht gleich eine richtig gute Lösung für das Problem mit Ihrem Sohn geben kann."*

Um den Wunsch des KlientInnen nicht einfach nur zurück zu weisen, kann man außerdem erklären, dass man als BeraterIn wenig wirklich Hilfreiches sagen und tun kann, wenn man „die Rechnung sozusagen ohne den Wirt macht".

Man könnte diesen Zusammenhang z.B. folgendermaßen erklären: *„Menschen sind unterschiedlich und was für den einen richtig ist, ist für den anderen noch lange nicht richtig. Um sagen zu können, welche Lösung für Ihr Problem mit Ihrem Sohn gut wäre, müsste ich wissen, wie Sie selber an das Problem herangehen, welchen Weg Sie selber schon versucht haben zu gehen, was für Sie daran gut, was schlecht war. Das heißt: Wenn Sie mir die Sicht der Sache aus Ihrem Blickwinkel erzählen und ich meine fachlichen Kenntnisse dazu lege, dann könnten wir vermutlich gemeinsam eine gute Lösung finden für Ihr Problem."*

Natürlich wird eine solche klientenzentrierte Intervention nur für die Situationen empfohlen, in denen es um Lösungen geht, die der Betroffene auch tatsächlich entwickeln könnte, wenn er beginnen würde, sich wirklich mit seiner Lage auseinander zu setzen. Praktische Hilfeleistungen oder z.B. Informationen, die die KlientIn nicht hat und die ihr nur die SozialarbeiterIn geben kann, sind also hier nicht gemeint.

Rollenspiel-Übung (7): Motivierende Arbeit mit KlientInnen, die eine schnelle Lösung von der BeraterIn erwarten

Versuchen Sie, das folgende Beispiel im Sinne des Engaging zu gestalten!

Fallbeispiel: Schwangerschaftskonfliktberatung

Eine junge Frau kommt in die Beratungsstelle für Schwangerschaftskonflikte. Sie möchte das Kind eigentlich nicht, fühlt sich aber von ihrer Mutter gedrängt, es zu bekommen. *„Was soll ich bloß machen, gegen meine Mama komme ich bestimmt nicht an. Was würden Sie mir raten, Frau Schneider?"*

5.2.3 KlientInnen wollen nicht Beratung sondern jemanden, der ihnen Recht gibt.

Schließlich gibt es auch KlientInnen, die gar kein Problem lösen wollen, sondern in der BeraterIn jemanden suchen, der für sie und gegen Dritte Partei ergreift.

Es kommt ein Mann zu der für ihn zuständigen MitarbeiterIn im Jugendamt und bringt eine Kostprobe Soße mit, damit die Sozialarbeiterin einmal selber sehen und dann bestätigen kann, welchen „Fraß" ihm seine, wie er meint, völlig unfähige, Frau vorsetzt ...

Natürlich wird keine BeraterIn dem Mann so einfach zustimmen wollen. Andererseits wäre es auch wenig sinnvoll, den Betroffenen weg zu schicken oder gar für seine Frau Partei zu ergreifen und den Klienten zu mehr Toleranz zu ermahnen. Vermutlich würde der Mann enttäuscht und ärgerlich von dannen ziehen und sein Anliegen einem Kollegen oder dem Nachbarn vortragen ...

Eine BeraterIn ist nicht die AnwaltIn ihrer Klientel gegenüber Dritten. Man könnte also ein solches Anliegen schlicht von sich weisen, wenn man als Fachmann oder Fachfrau nicht gleichzeitig spüren würde, dass hinter diesem Manöver etwas ganz anderes steckt, etwa die Angst, der jeweils andere könnte doch Recht haben oder auch die Verletzung, die der andere einem zugefügt hat. Darüber aber will der Betroffene natürlich nicht reden. Was also könnte man sinnvoller Weise tun?

Was wäre hier im Sinne des Engaging möglich?

Auch hier gilt: Die Störung ernst nehmen, sie zum Thema machen!

Das Verbalisieren der Wut, des Ärgers, der Empörung über die Frau, das wäre hier Thema für den Einstieg in eine Beratung. Zum Beispiel wäre eine angemessene Reaktion auf das „Soßenanliegen" im oben skizzierten Fall: *„Ich sehe, Sie sind wütend auf ihre Frau und möchten gerne, dass endlich jemand sieht, was Sie alles von ihr ertragen müssen!"*

Wenn der Mann das Verständnis für seine Gefühle und die Akzeptanz dafür, dass er so voller Wut ist, intensiv und für sich befriedigend erfahren hat, wird er nicht mehr so heftig darum kämpfen müssen, dass er diese Wut auch haben darf, dass seine Wut berechtigt ist usw. Er wird eher zugänglich für andere Sichtweisen (z.B. die der Beraterin, die ihre eigene, von seiner wahrscheinlich abweichende Sicht ja durchaus etwa durch eine Ichbotschaft oder auch eine Konfrontation (s. folgendes Kapitel) darlegen kann) und nun eher von sich aus bereit sein, sein eigenes Verhalten und seine Meinung kritisch zu betrachten.

Rollenspiel-Übung (8): Motivierende Arbeit mit KlientInnen, die Parteinahme gegen Dritte suchen

Versuchen Sie, das folgende Beispiel im Sinne des Engaging zu gestalten!

Fallbeispiel: Sorgerechtsstreit

Ein Mann kommt ins Jugendamt und schildert die Lebensweise seiner geschiedenen Frau in düsteren Farben. Sie hat wechselnde Männerbeziehungen und außerdem erziehe sie den gemeinsamen Sohn zu Faulheit und zu einem Lotterleben. Sie ist eben ein schlechtes Modell, meint der Mann. Der Vater, der nur das Besuchsrecht hat, macht sich Sorgen um seinen Sohn. Er möchte von dem Mitarbeiter eine Bestätigung, dass der Lebenswandel seiner Ex für das Kind schädlich ist.

5.2.4 KlientInnen kommen, um ihr vermeintliches Recht einzuklagen

Und dann gibt es noch die KlientInnen, die das Gespräch mit der SozialarbeiterIn suchen, denen es aber keineswegs um eine Beratung sondern darum geht, sich und ihre Vorstellungen und Forderungen unbedingt durchzusetzen.

> Eine junge Frau ist mit der Tatsache hoffnungslos überfordert, ein Kind geboren zu haben. Sie sieht durch dieses Kind ihre ganze Existenz bedroht und entschließt sich auf Anraten dazu, für ihr Kind einen Antrag auf Unterbringung in einer Pflegefamilie zu stellen. Als sie aber erfährt, dass das Jugendamt ihre eigenen Eltern als Pflegeeltern vorsieht, dreht sie völlig durch, rennt von „Pontius zu Pilatus", um allen zu erklären, dass sie das auf keinen Fall will, dass sie ihre Eltern für ungeeignet hält, dass sie selber von ihren Eltern kaputt gemacht worden sei und nun auf keinen Fall will, dass ihr Kind ebenfalls von ihnen kaputt gemachten werden kann.

Sie kommt ins Jugendamt und fordert auf der Stelle ein Gespräch, fordert, dass man ihr endlich zuhört ...

Vermutlich wird die junge Frau nur hören, dass das Jugendamt die Eltern der Frau sehr wohl für geeignet hält und dass sie selber besser im Interesse ihres Kindes aufhören sollte, auf diese Weise „Amok zu laufen". Ein Gespräch mit ihr sei nicht möglich, solange sie so wütend sei und nicht aufhöre, ihre Eltern und das Amt zu beschimpfen.

Um das Aufwachsen des Kindes in seiner Pflegefamilie nicht zu gefährden erhält die Mutter nach einiger Zeit und weiteren Auftritten dieser Art bis auf Weiteres Kontaktverbot zu ihrem Kind und den Pflegeeltern. Da das Kind ihr nicht mehr „ausgeliefert" ist, wird sie nun als Störenfried und Gefahr für das Kind einfach ausgeblendet.

Zurück bleibt eine tief verletzte junge Frau, die weder ihr heutiges Problem noch die Probleme aus ihrer Kindheit bewältigt hat und in Wut und Hass auf das Amt die Gelegenheit sucht, „es denen zu zeigen".

Was wäre hier im Rahmen des Engaging möglich?

Auch wenn die Sicht der jungen Frau auf ihr Kind und ihre Eltern und die gesamte Sachlage nach Meinung der Fachleute „falsch" ist, wäre es der Mühe wert gewesen, diese Frau für eine weitere Zusammenarbeit zu gewinnen. Dies wird aber kaum möglich, wenn das Jugendamt sich nur parteilich hinter das Kind und die Großeltern stellt und die betroffene Mutter mit ihrer Wut und ihrer Verletztheit ins Leere laufen und alleine lässt.

Nur wenn jemand den Mut und die Kraft aufgebracht hätte, mit dieser Frau wirklich über ihre Sicht der Dinge und über ihre persönlichen Gefühle zu sprechen, nur dann hätte es eine Chance gegeben, aus dieser Frau eine Mutter zu machen, die irgendwann in der Lage sein wird, im objektiven Interesse ihres Kindes zu denken und entsprechend zu handeln.

Vielleicht hätte das Gespräch im Jugendamt eine Wende bewirken können, wenn es wie folgt verlaufen wäre:

„Ich setze mich nirgendwo hin! Sie verstehen mich sowieso nicht. Alle verstehen mich nicht".

„Ich würde es gerne verstehen, bitte erzählen sie es mir!"

„Ich habe es doch schon so oft erzählt! Sie aber begreifen es nicht. Meine Eltern sind nicht gut. Sie haben mich versaut und jetzt versauen sie mein Kind."

„Sie sagen, ich verstehe Sie nicht. Ich versuche es, möchte Sie gerne verstehen, auch wenn ich hier mit den anderen Kollegen der Meinung bin, dass unsere Entscheidung richtig ist. Aber ich sehe jetzt, dass unsere Entscheidung für Sie eine furchtbare Sache ist. Es dämmert mir, dass Sie ihre Eltern richtig hassen. Dass sie es unerträglich finden, dass ihre kleine Tochter nun auch bei ihnen leben soll?"

„Natürlich hasse ich sie. Sie haben ja keine Ahnung, wie meine Kindheit war. Meine Mutter hat mich immer nur als Versagerin gesehen. Und jetzt soll sie den Triumph haben, dass sie mein Kind großziehen darf, weil ich auch dazu zu doof bin! Das lass ich mir nicht gefallen! Das kommt überhaupt nicht in Frage."

„Ich glaube, wir haben Sie mit unserer Entscheidung richtig verletzt, so als wollten wir es Ihnen auch noch beweisen, dass Sie nichts taugen. Ist das so, fühlen Sie sich so, wenn Sie hier mit mir reden?"

„Stimmt, genau. Und ich glaube, es ist auch genau so. Alle wollen nur auf mir herum hacken. Nichts kann ich. Keinem mache ich es recht. Und nun muss ich auch noch zusehen, wie meine Mutter, diese gemeine, scheinheilige Hexe, mein Kind großzieht und sich eins ins Fäustchen lacht."

„Sie können ihrer Mutter das alles nicht verzeihen?"

„Ich denke gar nicht daran !" ....

Es ist klar, dass dieses Problem nicht durch ein einziges Gespräch beseitigt und bewältigt werden kann. Aber so eine Wende könnte den Einstieg in eine Reihe von Gesprächen darstellen.

Rollenspiel-Übung (9): Motivierende Arbeit mit aggressiven KlientInnen, die sich und ihre Wünsche durchsetzen wollen

Versuchen Sie folgendes Beispiel im Sinne des Engaging zu gestalten!

Fallbeispiel: Sozialpädagogische Familienhilfe

Frau Paul erhält seit etwa 4 Monaten Sozialpädagogische Familienhilfe. Am letzten Abend hat ihr die Familienhelferin mitgeteilt, dass sie sich gezwungen sieht, das Jugendamt darüber zu informieren, dass der Vater, der wegen sexuellen Missbrauchs an seinen Kindern zwei Jahre in Haft war und nun wieder auf freiem Fuß ist, wieder mit der Familie Kontakt aufgenommen hat.

Frau Paul geht erzürnt ins Jugendamt und teilt mit, dass es ganz allein ihre Sache sei, wenn sie mit dem Vater ihrer Kinder telefoniert. Schließlich sei er ihr Mann gewesen. Sie ist empört über die Einmischung der Familienhelferin und darüber, dass die sie hier beim Amt anschwärzen will und verlangt auf der Stelle, dass diese Frau bei ihr Hausverbot bekommt.

5.3 Konfrontieren in der Klientenzentrierten Beratung

Konfrontation ist im Rahmen Sozialer Arbeit ein unverzichtbarer Schritt. Wie aber wird im Rahmen eines Klientenzentrierten Ansatzes konfrontiert?

5.3.1 Die Doppelherausforderung des Konfrontierens

Auf Konfrontationen kann Soziale Arbeit und auch sozialpädagogische Beratung nicht verzichten. Insbesondere durch das Doppelte Mandat ergeben sich immer wieder Situationen, die es erforderlich machen, dass die BeraterIn die KlientIn konfrontiert. In jedem Fall geht es darum, der KlientIn dazu zu verhelfen, dass sie sich mit der Wirklichkeit auseinander setzt und zwar in einer Weise oder zu einem Zeitpunkt, wie es ohne die Konfrontation voraussichtlich nicht geschehen wäre (s. Kap. 3.3.2).

Um zunächst die Schwierigkeiten einer Konfrontation und die damit ver-
bundenen Herausforderungen an die Klientenzentrierte Beratung deutlich zu
machen, wird als Einstieg die folgende Übung empfohlen:

Rollenspiel-Übung (10): Konfrontation einsetzen

Stellen Sie im Rollenspiel anhand des angeführten Beispieles eine Beratungssituation her, in der versucht wird, durch eine Konfrontation die Bearbeitung der bestehenden Probleme weiter zu bringen bzw. mithilfe einer
Konfrontation, der KlientIn die Situation unmissverständlich zu verdeutlichen.

Fallbeispiel: Krankenhaussozialarbeit

Eine Krankenhaussozialarbeiterin muss eine alte Frau mit der Tatsache
konfrontieren, dass die Ärzte der Meinung sind, dass sie nicht mehr nach
Hause entlassen werden kann, sondern in ein Pflegeheim eingewiesen werden muss.

Anregungen für die Auswertung des Rollenspiels:
- Ist die Konfrontation überhaupt bei der Klientin angekommen?
- Wenn nein, warum nicht?
- Wie verhielt sich die Klientin nach der Konfrontation?
- Wie verhielt sich die BeraterIn nach der Konfrontation?
- Ist es gelungen, das Vertrauensverhältnis fortzusetzen?
- Ist es gelungen, die Bearbeitung der Problematik voranzubringen?
- Sammeln Sie die speziellen Schwierigkeiten, die Ihnen bei der Bear-
  beitung dieser Aufgabe auffallen.

Es wird im Rahmen des Rollenspiels deutlich geworden sein, dass wir es im
Kontext von Konfrontationen mit zwei unterschiedlichen Herausforderungen zu
tun haben, die beide für sich bewältigt werden müssen:

- Zum Einen ist es nicht einfach, eine Konfrontation so zu formulieren, dass sie wirklich klar und unmissverständlich ist und beim Gegenüber sicher ankommt.
- Zum anderen gilt es zu verhindern, dass diese Konfrontation „die Türen zuschlägt" und das bestehende Vertrauensverhältnis gefährdet.

Wir werden uns aus didaktischen Gründen mit beiden Schritten nacheinander befassen, obwohl sie im Rahmen eines komplexen Beratungsgespräches nicht zu trennen sind.

5.3.2 Wie wird im Kontext Engaging konfrontiert?

Lisa (16) ist nach einer langen Phase von Streitigkeiten und heftigen Auseinandersetzungen mit ihrer allein erziehenden Mutter schließlich doch ins Heim gekommen. Beide fanden, dass es wohl so das Beste sei. Seit Lisa aber im Heim ist, möchte sie von ihrer Mutter nichts mehr wissen. Diese ruft ständig im Heim an, ist besorgt und möchte am liebsten jeden Tag vorbei kommen. Nun hat der Heimleiter sich von Lisa den Auftrag aufdrücken lassen, der Mutter mitzuteilen, dass die Tochter ihre Mutter nicht mehr sehen möchte und auch keine Anrufe mehr will. Er selbst findet auch, dass die ständige Einmischung der Mutter die Integration von Lisa im Heim behindert. Er weiß aber auch, wie sehr Lisas Mutter inzwischen unter der Trennung von ihrer Tochter leidet.

Das Gespräch ist ihm nicht angenehm. Er weiß, dass er sehr deutlich werden muss, weil Lisa erwartet, dass die Kontaktversuche danach wirklich aufhören werden und weil seine bisherigen Bemühungen, der Mutter gegenüber anzudeuten, dass sie etwas zu oft vorbeikommt, von ihr völlig ignoriert wurden.

Die erste Schwierigkeit besteht für viele BeraterInnen in der Konfrontation selbst. Gerade Klientenzentrierte BeraterInnen neigen dazu, die Konfrontationen zu sanft, zu schonend und letztlich nicht eindeutig genug zu formulieren. Sie haben Angst, das Vertrauen der KlientIn zu riskieren und sie vor den Kopf zu stoßen. Sie möchten sie schonen.

Eine Konfrontation ist für die Betroffene immer unangenehm, vielleicht auch hart. In jedem Fall wird der Inhalt der Konfrontation nicht mit den aktuellen Erwartungen, Vorstellungen oder Gefühlen der KlientIn harmonieren. Wäre das jedoch nicht der Fall, so könnte man kaum von einer wirklichen Konfrontation sprechen.

Wie es wohl jedem Menschen ergeht, der mit einer eher unangenehmen Botschaft konfrontiert wird, so wird in einem solchen Fall auch die KlientIn möglicherweise die Botschaft negieren. Sie versucht vielleicht, die Botschaft einfach zu überhören oder sie nicht so ernst zu nehmen. Sie wird das Gehörte für sich bewusst oder unbewusst so zurechtstutzen, dass es sie nicht mehr bedroht und beunruhigt. Oder sie wird die Unsicherheit der BeraterIn spüren und solange argumentieren und reden, bis die Konfrontation sich quasi in Luft auflöst.

Es ist deshalb am besten, eine Konfrontation mit einfachen, direkten Worten eindeutig und unausweichlich auszusprechen. Man sollte dabei solche Worte und Formulierungen wählen, die für den Betreffenden klar und verständlich sind, die ihn von der Wortwahl her nicht verschrecken, die ihn aber erreichen. Sinnvoller Weise kündigt man die Konfrontation an, vielleicht sogar mit einer Ichbotschaft.

Zum Beispiel könnte man sagen: *„Es fällt mir schwer, Ihnen das jetzt sagen zu müssen, aber ich glaube, es ist wirklich wichtig, dass sie informiert sind."*

Danach sollte man die Konfrontation ruhig aussprechen, nicht schnell und nicht ,hingehuscht', als hätte man ein schlechtes Gewissen. Die Konfrontation muss im Raum stehen wie ein eingerammter Pfahl mitten auf dem Weg, an dem man nicht einfach vorbeigehen kann, ohne ihn zu bemerken und auch nicht, ohne erst einmal stehen zu bleiben. Gelingt das nicht, wird die BeraterIn immer wieder nachfassen müssen und es entsteht eine lange Gesprächsphase, in der die Konfrontation immerfort in abgeschwächter oder auch massiverer Form wiederholt und gerechtfertigt werden muss, um ihr Gehör und Aufmerksamkeit zu verschaffen. Eine gute Konfrontation im oben angeführten Beispiel könnte also z.B. so lauten: *„Sie haben in den beiden letzten Wochen jeden Tag bei uns im Heim angerufen, um ihre Tochter zu sprechen. Und nun hat mich ihre Tochter darum gebeten, dass ich Ihnen sagen soll, dass sie das nicht mehr möchte. Sie fühlt sich bedrängt von Ihnen und möchte gerne erst einmal eine Zeit Abstand. Sie wünscht sich, dass Sie sie erst einmal ganz in Ruhe lassen und den nächsten Monat nicht mehr anrufen."*

Wichtig ist, dass mit der Konfrontation keine „Nebenbotschaften" mitgesendet werden, die Vorwürfe, Tadel, Schuldzuschreibung oder gar Schadenfreude enthalten. Die oben zitierte Äußerung würde z.B. eine tadelnde Nebenbotschaft transportieren, wenn sie zusätzlich den folgenden Satz enthielte: *„Ich glaube es wäre besser, wenn Sie Ihre Tochter nicht ständig so bedrängen würden".*

Eine Konfrontation wird nichts Produktives erreichen, wenn sie als Angriff, als Kritik an der Person der KlientIn oder auch als Aufkündigung der Akzeptanz der BeraterIn erlebt wird. Konfrontieren im Rahmen einer klientenzentrierten Orientierung bedeutet auf keinen Fall das Ende der Akzeptanz für die Person des Beratenen. Auch wenn eine Konfrontation direkt oder indirekt eine Kritik enthält, so ist immer klar zu machen, dass es sich um eine Kritik am konkreten Verhalten oder an einem bestimmten Einzelaspekt der Persönlichkeit der KlientIn handelt und nicht um eine Ablehnung oder Infragestellung ihrer gesamten Person. Wenn das gelingt, wird eine Konfrontation keine „vernichtenden" Folgen haben. Es ist sehr wohl möglich, harte Wahrheiten und Tatsachen mitzuteilen und gleichzeitig dabei durch Körpersprache und Stimmlage die notwendige Akzeptanz für die Person der Beratenen und Verständnis für sie als Persönlichkeit auszudrücken.

Es besteht bei Konfrontationen des Weiteren die Gefahr, dass man sich als BeraterIn zu sehr auf andere Instanzen oder Autoritäten beruft, um sich selber vor negativen Gefühlen oder Reaktionen der KlientIn zu schützen. So fühlt sich die BeraterIn möglicherweise entlastet, weil sie die Verantwortung für die Entscheidung zur Konfrontation nicht alleine tragen muss. Dadurch wird eine Konfrontation jedoch für die KlientIn möglicherweise fragwürdig. Sie lässt sich außerdem leichter weg schieben, als wenn die BeraterIn vermittelt, dass sie selber diese Konfrontation ernst meint und hinter ihr steht.

Eine Sozialpädagogin muss z.B. einer Mutter mitteilen, dass die Sonderschulüberprüfung ihrer kleinen Tochter ergeben hat, dass sie nicht in einer normalen Grundschule beschult werden kann. Die Beraterin weiß, dass dieses Ergebnis für die Mutter ein Schock sein wird. In ihren bisherigen Gesprächen hat sie schon mehrfach ohne nennenswerten Erfolg versucht, der Mutter deutlich zu machen, dass ihre Tochter massive Lernschwierigkeiten hat. Die Mutter scheint diese Tatsache einfach nicht wahrhaben zu wollen. Nun ist die BeraterIn froh, dass die Entscheidung des Schulamtes vorliegt und dieser Entscheidung ein Testergebnis zugrunde liegt, auf das man sich berufen kann. Sie wird der Mutter die Entscheidung des Schulamtes vielleicht so mitteilen:

„Frau Kerner, mir liegt jetzt das Ergebnis des Schultestes vor und die Entscheidung des Schulamtes, was die zukünftige Beschulung ihrer Tochter betrifft. Also das Testergebnis ist eindeutig: Ihre Tochter kann leistungsmäßig nur in einer Sonderschule für Lernbehinderte beschult und entsprechend gefördert werden. Da blieb dem Schulamt überhaupt kein Spielraum. "
Die Reaktion der Mutter könnte z.B. lauten: *„Ach diese Tests! Wissen Sie, ich habe da neulich was im Fernsehen gesehen, die sind auch nicht immer gut. Da kommt manchmal auch was raus, was gar nicht stimmt. Aber da kann ich jetzt sicher nichts gegen machen, die im Amt sind ja doch die Stärkeren. "*
Die Konfrontation wäre sicher besser gelungen und würde eher dazu führen, dass die Mutter sich mit den von ihr geleugneten Tatsachen auseinander setzt, wenn die BeraterIn die Konfrontation auf sich genommen hätte, z.B. so: *„Ich weiß, dass Sie die Leistungen ihrer Tochter ganz anders einschätzen. Das Testergebnis entspricht dem, was auch ich beobachtet habe. Ich halte diese Entscheidung für angebracht und hilfreich. Ich glaube, es ist eine gute Entscheidung für ihre Tochter. "*

Selbstverständlich kann die BeraterIn so nur vorgehen, wenn sie tatsächlich hinter der Entscheidung steht.

Rollenspiel-Übungen (11) : Prozess des Konfrontierens

Die Aufgabe der folgenden Übungen besteht darin, für die Fallbeispiele je eine angemessene Konfrontation zu erarbeiten und auszuprobieren.

Es wird empfohlen, mehrere Beispiele zu spielen.

Zunächst sollten zur Vorbereitung folgende Fragen diskutiert werden:
- Was ist für die Konfrontation zu bedenken?
- Wie kann man die Situation so gestalten, dass die Konfrontation in eine akzeptierende und empathische Atmosphäre eingebettet ist?
- Wie könnte die Konfrontation formuliert werden, damit sie auch gehört wird?
- Welche Nebenbotschaften sollten vermieden werden?

Im Anschluss kann die Konfrontation in einer kurzen Szene ausprobiert und anschließend ausgewertet werden.

Die beiden ersten Rollenspiele stellen Situationen vor, in denen eine KlientIn mit der Realität konfrontiert werden muss.

Fallbeispiel: Kindertagesstätten-Leitung

Eine KT-Leiterin muss ihre langjährige Kollegin damit konfrontieren, dass sie nach einem halben Jahr Schonung wegen ihrer psychischen Erkrankung nun wieder im normalen Dienst eingeteilt werden muss. Sie weiß, dass das für die Kollegin noch zu früh sein wird, aber die anderen Mitarbeiterinnen sind nicht bereit, die Doppelbelastung noch länger auf sich zu nehmen, und die Eltern klagen bei ihr eine hinreichende Betreuung ihrer Kinder während des gesamten Tages ein.

Fallbeispiel: Minderjährige Mutter

Marion (15 Jahre alt) möchte gerne nach der Entbindung mit ihrem Baby alleine in einer Wohnung leben. Die BeraterIn hält das für unmöglich. Bestenfalls ist ein langsames Heranführen an ein selbständiges Leben mit dem Kind möglich. Die BeraterIn kann sich auf Marions Wunsch nicht einlassen, weil sie der jungen Mutter ein selbständiges Betreuen und Versorgen des Kindes noch nicht zutraut.

Bei den nächsten zwei Rollenspielen geht es um Konfrontationen im Kontext des Doppelten Mandates.

Fallbeispiel: Besuchsrecht

Frau Heinrich versucht die Tatsache, dass ihrem früheren Ehemann bei der Scheidung das wöchentliche Besuchsrecht zugesprochen worden ist, zu verdrängen. Die Sozialarbeiterin muss ihr die Rechtslage klar machen.

Fallbeispiel: Kindeswohlgefährdung

Eine Familienhelferin stellt in der Familie Konrad fest, dass es Sachverhalte im Familienleben gibt, die eine Gefährdung des Kindeswohls bedeuten würden, wenn sie nicht in kürzester Zeit abgestellt werden können. Sie muss und will das den Eltern klarmachen.

Die Rollenspiele müssen nicht unbedingt mit der Konfrontation beendet werden. Jedoch sollte die Aufmerksamkeit der Reflexion zunächst bei der Frage liegen, ob die Konfrontation gelungen ist.

Bei der Auswertung sollte sich die Gruppe folgende Fragen stellen:
- Ist die Konfrontation unmissverständlich angekommen?
- Ist die Konfrontation ohne Schuldzuweisungen oder andere unerwünschte Nebenwirkungen gelungen?
- War für die KlientIn klar erkennbar, dass die BeraterIn ihre akzeptierende und empathische Grundhaltung trotz der Konfrontation beibehalten hat?

5.3.3 Wie sieht ein empathischer Umgang mit Gefühlen der KlientInnen nach einer Konfrontation aus?

Im Folgenden wenden wir uns dem zweiten Lernschritt im Kontext des Konfrontierens zu:

Hatte die Konfrontation die erforderliche Qualität, wird sie auch wahrgenommen und löst dann unter Umständen heftige Gefühle des Ärgers, Schreck, Abwehr, Verzweiflung u.ä. aus.

Die Mutter, deren Tochter durch den Heimleiter sagen lässt, dass sie keinen Kontakt mehr mit ihr haben will, würde vielleicht voller Entsetzen ausrufen: *„Was? Wirklich? Das kann ich mir gar nicht vorstellen! Das ist völlig unmöglich. Das würde meine Tochter nie tun!"* Vielleicht bräche sie auch in Tränen aus oder sie wischte die Tränen heimlich fort. Möglicherweise würde sie auch anfangen, mit dem Heimleiter zu streiten, ihn zu beschuldigen oder Beweise zu verlangen. ...

Wenn es einer SozialarbeiterIn also gelungen ist, der Versuchung zu widerstehen, die Konfrontation nur durch die Blume oder sanft und in abgeschwächter, vielleicht verschlüsselter Form auszusprechen, wenn es ihr außerdem gelungen ist, die Konfrontation ohne Nebenbotschaften „rüber zubringen", wenn also die Botschaft klar, unmissverständlich und unumgehbar im Raum steht, dann kommt es jetzt darauf an, wie das Beratungsgespräch nach der gelungenen Konfrontation weitergeht.

Es gibt eine Reihe von typischen Beraterreaktionen auf die Gefühle, die Konfrontation bei KlientInnen ausgelöst, die allesamt die Fortsetzung des Vertrauensverhältnisses und die freiwillige Auseinandersetzung der KlientIn mit dem Inhalt der Konfrontation verhindern:

- Die Entschlossenheit und Konzentration der BeraterIn, die sich vorgenommen hat, die Konfrontation deutlich und eindeutig an „den Mann" zu bringen, macht es manchen BeraterInnen schwer, anschließend gleich wieder mit Akzeptanz und Verständnis zu reagieren. Sie meinen, die Annahme ihrer Konfrontation bei der KlientIn erzwingen zu können und zu müssen und hören deshalb mit der Konfrontation überhaupt nicht mehr auf. Nicht selten reagiert eine BeraterIn auf abwehrende oder betroffene Reaktionen der KlientInnen nach Konfrontationen selber abwehrend oder gar missbilligend. Die KlientIn zieht sich dann zurück und versucht, sich keine weitere Blöße zu geben. Mit dem Inhalt der Konfrontation kann sie sich so aber schlecht auseinander setzen.
- Ein solcher Effekt tritt nicht nur auf, wenn eine BeraterIn die ausgelösten Gefühle ablehnt und offen zurückweist. Z.B. hat auch „das Lob an der falschen Stelle" (*„Sie sind doch eine vernünftige Frau, Sie werden das einse-*

hen," oder *„So wie ich sie kenne, werden Sie damit umgehen können!"*) die gleichen Folgen: Die KlientIn verschließt sich, ist innerlich mit der Rechtfertigung ihrer scheinbar nicht akzeptablen, heftigen Gefühle beschäftigt und lässt die Botschaft bzw. die Konfrontation nicht an sich heran.

- Vielfach reagieren BeraterInnen auf abwehrende Reaktionen damit, dass sie ihre Konfrontation laufend wiederholen oder sie verteidigen, herleiten, begründen, die Notwendigkeit beweisen, den Inhalt beweisen. Denkbar wäre in unserem konkreten Fall z.B., dass der Heimleiter nachlegt: *„Doch, das hat sie gesagt. Und ich will Ihnen sagen, ich finde Ihre Tochter hat ganz Recht. Es wäre wirklich besser. Das Mädchen muss einfach mal zur Ruhe kommen."*

- Nicht selten passiert es auch, dass eine BeraterIn die vielleicht heftigen und abwehrenden Gefühle, die eine Konfrontation auslöst, auf sich selber bezieht. Dies geschieht insbesondere dann, wenn die KlientIn mit Empörung, Abwehr, Wut oder Ärger reagiert. Es besteht die Gefahr, dass in diesem Fall im weiteren Gesprächsverlauf nun die BeraterIn damit beschäftigt sein wird, die eben durchgeführte Konfrontation vor der KlientIn und auch vor sich selber zu rechtfertigen, zu verteidigen und zu begründen. In unserem Beispiel könnte der Berater z.B. versuchen, sich und seine Konfrontation so zu verteidigen: *„Einer muss es Ihnen ja mal sagen. Sie scheinen es ja selber nicht zu merken. So kann Lisa nie zur Ruhe kommen!"*

- Ein anderer Fehler, der im Rahmen von Konfrontationen im Hinblick auf die gefühlsmäßigen Reaktionen der KlientInnen recht häufig gemacht wird, ist es, bei heftigen Abwehrreaktionen der Klientel die konfrontative Aussage wieder abzuschwächen oder gar infrage zu stellen, also „zurück zurudern". Unser Heimleiter könnte sich zum Beispiel, weil ihn die heftige Reaktion der Mutter erschreckt, zu folgenden Äußerungen hinreißen lassen: *„Vielleicht hat sie das auch nur aus dem Moment heraus gesagt. Sie sollten das Ganze nicht zu ernst nehmen. Das Mädchen ist in der Pubertät und da wissen die jungen Leute manchmal heute nicht mehr, was sie gestern gemeint oder gefühlt haben".* Das Abschwächen oder Zurücknehmen von Konfrontationen bringt nichts und verunsichert dazu. Im günstigsten Fall hat nur die SozialarbeiterIn das Problem, dass sie am Ende eine wichtige Botschaft nicht wirklich losgeworden ist.

Was wäre hier im Sinne des Engaging möglich?

Im Sinne des Engaging wäre es besser und konstruktiver, der KlientIn durch Verstehen ihrer Reaktion zu signalisieren: *„Ich weiß, was das jetzt für Sie bedeutet und wie Sie empfinden. Ich kann es nachvollziehen und akzeptieren. Ich ma-*

che Ihnen keine Vorwürfe. Ich bleibe bei Ihnen und kann warten, bis sie bereit sind, mit mir über den Inhalt meiner Aussage zu sprechen.'

Mancher wird die Befürchtung haben, dass die heftigen Gefühle im Anschluss an die Konfrontation es der KlientIn nun gerade und erst recht unmöglich machen, „vernünftig" zu werden und den sachlichen Argumenten der BeraterIn zu folgen.

Die Erfahrung lehrt, dass der Prozess anders verlaufen kann: Wird die Gefühlsreaktion akzeptiert und verstanden, wird der KlientIn Luft gelassen, die Botschaft auch emotional zu verkraften und zu verarbeiten, so besteht die größere Chance, dass sie im weiteren Verlauf des Gespräches auch für den Inhalt der Botschaft erreichbar wird.

Die Gefühlsreaktion auf eine Konfrontation, auch eine heftige, ist erwünscht und wichtig. Sie zeigt schließlich an, dass die Botschaft angekommen ist. Wenn sie von der BeraterIn nicht abgewehrt, abgeschwächt oder übergangen wird, kann sich die KlientIn mit eben dieser Reaktion auseinander setzen. In dieser Bearbeitung ihrer Gefühle liegt bereits der Beginn der inneren Auseinandersetzung mit dem Inhalt der Konfrontation.

In unserem Beispiel würde die Reaktion: *„Ich sehe, es bestürzt Sie, dass Ihre Tochter Ihre Hilfe ablehnt. Sie sind enttäuscht und traurig, weil sie Ihre Hilfe nicht haben will. Sie können sich das gar nicht vorstellen.",* der Frau helfen, sich ihren Gefühlen zu stellen. Indem sie ihre Gefühle wahrnimmt und selber annehmen kann, wird sie die erschreckende Erkenntnis an sich heran lassen können, dass die Tochter sie nicht mehr sehen will. Sie wird anfangen, sie zu verarbeiten. Das kann seine Zeit in Anspruch nehmen. Hat sie die Botschaft aber verarbeitet, ist es wahrscheinlich auch möglich, mit dieser Frau über die Hintergründe für dieses Verhalten und über konkrete Vereinbarungen zu sprechen.

Die Reaktionen auf eine Konfrontation kann heftig sein und deutlich nach außen gezeigt werden. Dann ist es relativ einfach und nahe liegend, die Gefühle aufzugreifen: *„Ich sehe, diese Nachricht versetzt ihnen regelrecht einen Schlag."*

Wenn aber die gefühlsmäßigen Reaktionen nicht offen gezeigt werden, die KlientIn sie zu verbergen sucht oder sich nicht traut, sie zu zeigen und es somit vielleicht ganz leicht wäre, einfach über ihre Gefühle hinweg zu gehen und gleich über Inhalte der Konfrontation zu sprechen, dann ist es im Sinne des Engaging erst recht wichtig, sich zunächst ganz bewusst auf die Gefühlslage der KlientIn zu konzentrieren. Denn auch oder gerade diese verborgenen Gefühle können blockieren, müssen zunächst verkraftet und verarbeitet werden. Wenn die Mutter also nur erschrocken die Augen aufreißt, aber sonst nicht reagiert, könnte man etwa Folgendes sagen: *„Sie sind auf einmal ganz still, aber ich habe das Gefühl, dass Sie diese Nachricht doch betroffen macht?"*

Im Engaging bemüht sich die BeraterIn also darum, die emotionalen Reaktionen und Auswirkungen einer Konfrontation zunächst einmal wahrzunehmen, anzunehmen, zu zeigen, dass man sie verstanden und mitbekommen hat, möglicherweise auch zu verbalisieren – und das ohne Schuldzuweisung und Angriff, egal wie die Reaktion ausfällt. Und erst dann, wenn die Botschaft verkraftet ist, kann weiter geredet werden über ihren Inhalt.

Dies gilt für alle Arten und Anlässe von Konfrontationen, sowohl für die eher fachlich begründeten als auch für solche, die sich aus dem Doppelten Mandat der Sozialen Arbeit ergeben.

Wegen seiner exemplarischen Brisanz für Konfrontationen im Kontext des Doppelten Mandates soll hier auf das Beispiel des Hausbesuches nach Anruf der Nachbarn eingegangen werden, das schon im Kapitel 3.2 erwähnt wurde.

Um die Gesprächsentwicklung, die beim Engaging im Rahmen von Konfrontation möglich wird, einmal im Gesamtkontext zu zeigen, soll dieses Hausbesuchsgespräch hier ausschnittsweise vorgestellt werden. Auf diese Weise lässt sich gut nachvollziehen, welche kleinen aber bedeutenden Änderungen sich im Verlaufe des Gespräches in den Äußerungen der betroffenen Mutter vollziehen.

Zunächst die Konfrontation: *„Frau Henkel, ich muss kurz mit Ihnen sprechen. Meine Name ist N.N., ich bin Mitarbeiterin des Jugendamtes und betreue die Menschen in diesem Stadtbezirk. Ich sehe, dass sie nicht so glücklich sind, dass ich sie so einfach überfalle. Ich möchte mich dafür entschuldigen. Aber es gibt etwas sehr Wichtiges, sonst würde ich nicht unangemeldet kommen. Es geht um Folgendes: Eine Nachbarin von Ihnen hat mich informiert, dass ihr Sohn in der vergangen Nacht alleine war. Sie hat sie morgens nach Hause kommen sehen. Und ihr Kind hat die ganze Nacht fürchterlich geschrien. Deshalb bin ich hier, um mit Ihnen sprechen und mit Ihnen zu überlegen, was wir tun können, damit Ihr Kind in Zukunft nicht mehr solchen Ängsten ausgesetzt ist."*

Die Mutter wird je nach Temperament entweder rot anlaufen und furchtbar herum schreien, die Nachbarin der Lüge bezichtigen, vielleicht behaupten, das Kind sei erkältet und könne nicht schlafen und würde deshalb so viel weinen. Sie würde vielleicht mit dem Anwalt drohen und versuchen, die Sozialarbeiterin hinaus zu komplimentieren. Möglicher Weise bricht sie aber auch in Tränen aus und sackt nur auf ihrem Stuhl in sich zusammen.

Für unser Beispiel unterstellen wir, dass die Mutter zwar fassungslos und zutiefst erschrocken reagiert, aber versucht die Fassung zu behalten. Und gehen einmal davon aus, dass sie der Beraterin nicht die Tür vor der Nase zumacht, sondern sie eintreten lässt und hinter ihr die Tür schließt.

„Sie sind jetzt furchtbar aufgebracht, Frau Henkel, am liebsten würden Sie mich hoch kant raus schmeißen. Ich kann das durchaus verstehen. Es ist sicher furchtbar, wenn da einfach jemand Fremdes reinkommt, und einem solche Dinge vorhält."

„Sie wissen das doch nur von dieser Frau. Sie wissen doch auch gar nicht, ob die nicht lügt. Ich lasse meinen Sohn nicht so alleine! Ich bin eine gute Mutter, ich kriege das hin. Das habe ich damals schon Ihrer Kollegin gesagt!"

„Es verletzt sie, wenn ich einfach so zu unterstellen scheine, dass sie keine gute Mutter sind."

„Na klar. Das stimmt auch nicht. Ich sorge schon für meinen Kleinen."

„Sie möchten für ihr Kind da sein."

„Natürlich, ich bin doch die Mutter und es soll meinem Kleinen mal besser gehen als mir damals..."

„Sie wünschen sich, dass sie es schaffen, das seine Kindheit schön wird?"
„Ja, sicher. Aber sie sind ja sowieso alle gegen mich. So eine wie ich, die kriegt ja keine Chance."

„Sie fühlen sich ungerecht behandelt und haben das Gefühl, dass man Ihnen von vorne herein nichts zutraut?"

„Genau. Und jetzt das. Da ist man mal eine Nacht nicht zu Hause, und gleich schnappen Sie alle nach der Gelegenheit, mich fertig zu machen!"

„Das ist für sie jetzt richtig unfair?!"

„Natürlich. Wenn man mal Hilfe braucht, ist keiner da, aber wenn man mal was falsch macht, dann kommen sie gleich gerannt."

„Ich mache Ihnen einen Vorschlag. Ihr Kleiner ist ja jetzt ruhig und seine Mutter ist wieder da. Es wäre sicher für ihn schön, wenn Sie gerade heute ganz nah bei ihm sind. Vielleicht holen sie ihn her zu uns und wir sprechen nicht über die letzte Nacht, das können wir vielleicht später tun. Sie erzählen mir einfach mal von Ihren Sorgen und auch von Ihren Freuden als Mutter. Mögen Sie?"........

Zu beachten ist, dass es in dem Gespräch an keiner Stelle, auch da nicht, wo die Frau indirekt ihr Fehlverhalten zugegeben hat, um eine Beweisführung oder um die Frage geht, ob der Vorwurf bzw. die Anschuldigung zurecht gemacht worden ist. Die BeraterIn hat sich die Bemerkung. *„Sehen Sie, es stimmt also doch, die Nachbarin hat also keineswegs gelogen"*, „verkniffen". Trotzdem ist zwischen den GesprächspartnerInnen am Ende klar, dass der Vorwurf zurecht bestand. Das aber ist nicht Thema und Anliegen des weiteren Gespräches. Das Gespräch kann und wird sich im günstigsten Fall mit den zukünftigen Möglichkeiten und Notwendigkeiten beschäftigen, die das Kindeswohl des kleinen Jungen sichern und die Mutter dabei unterstützen, eine bessere Mutter zu werden.

Rollenspiel-Übung (12): Gefühlen nach einer Konfrontation mit Empathie und Akzeptanz begegnen

Jetzt wird es darum gehen, im Zusammenhang beide Schritte zu verwirklichen:

- zuerst eine klare Konfrontation ohne Vorwürfe und
- danach eine empathische Reaktion auf die ausgelösten Gefühle, bevor eine inhaltliche Bearbeitung der angesprochenen Probleme forciert wird.

Die oben aufgeführten Beispiele (Übung 11), für die im Rahmen der letzten Übung die Konfrontation geplant und ggf. gespielt wurde, können nun erneut im Rollenspiel aufgegriffen werden.

Um die Möglichkeit zu haben, sich an neuen Gesprächssituationen zu versuchen, werden im Folgenden weitere Beispiele angeführt.

Die ersten drei Rollenspiele enthalten Beispiele für eine fachlich motivierte Konfrontationen.

Fallbeispiel: falsche Selbstwahrnehmung einer Mutter

Frau Mertens kommt auf Anregung der Lehrerin in eine Erziehungsberatungsstelle. Es geht um die ältere ihrer beiden Töchter, die 9-jährige Susanne. Diese ist in der Schule durch Stehlen und dadurch aufgefallen, dass sie allen Leuten erzählt, sie bekomme zu Hause nichts zu essen. Frau Mertens ist sehr stark durch ihre 6-jährige, schwer behinderte Tochter Maria eingespannt, die ganz und gar den Tagesablauf der Familie bestimmt und alle Liebe und Kraft der Mutter absorbiert. Für Susanne bleibt nichts mehr übrig. Sie muss halt funktionieren. Frau Mertens hält sich wegen ihrer großen Aufopferungsbereitschaft für eine sehr gute Mutter. Sie hat keine Ahnung, wie es Susanne dabei geht und macht sich darüber auch keine Gedanken.

Eine Beraterin konfrontiert Frau Mertens mit Susannes tatsächlichen Gefühlen.

Fallbeispiel: Fachliche Sicht und abweichende Elternerwartungen

Die Eltern von Lisa haben die Pläne des Jugendamtes unterstützt, ihre 15-jährige Tochter Lisa in einem Heim unter zu bringen. Sie hatten ihr Bestes gegeben, aber der schlechte Umgang, den ihre Tochter seit längerer Zeit pflegte, hatte aus ihr ein Mädchen gemacht, das nicht mehr in ihre Familie passte. Sie erwarteten nun von der Heimerziehung, dass ihr dort einmal richtig „die Leviten" gelesen würden. Nun, nach einem Jahr, in dem Lisa endlich im Heim Fuß gefasst hat und die Jugendhilfe bei ihr positive Ansätze sieht, stellen die Eltern fest, dass ihre Vorstellungen von Heimerziehung nicht eingelöst wurden. Sie beschließen ärgerlich, die Heimerziehung für Lisa wieder zu beenden.

Ein Mitarbeiter des Allgemeinen Sozialen Dienstes konfrontiert die Eltern mit seiner Prognose für Lisa, wenn sie wieder nach Hause kommen sollte.

Fallbeispiel: Ethische Wertung eines Klientenverhaltens

Herr Vollmer ist der Meinung, dass es sein gutes Recht sei, den größten Teil des Geldes, das er verdient, für seine Freizeit und seine Bedürfnisse auszugeben. Seine Frau, die Mutter der drei Kinder, bekommt von ihm nicht genug Geld, um die Kinder ausreichend zu kleiden und zu ernähren. Wenn sie sich deswegen beklagt, schmettert er ihre Einwände ab. Er sagt, er verdiene das Geld und damit sei es auch in erster Linie sein Geld.

Die BeraterIn des Paares hat sich vorgenommen, dem Mann deutlich zu machen, dass seine Haltung moralisch unhaltbar und deshalb nicht zu akzeptieren ist.

Die folgenden zwei Rollenspiele beinhalten Beispiele einer Konfrontation im Kontext des Doppelten Mandates.

Fallbeispiel: Schulverweis

Die BeraterIn muss den Eltern von Jens mitteilen, dass er wegen seines gewalttätigen Verhaltens auf dem Pausenhof in der letzten Woche voraussichtlich von der Schule verwiesen werden wird.

Fallbeispiel: Gespräch mit der leiblichen Mutter eines Pflegekindes

Eine Pflegemutter hatte davon berichtet, dass die leibliche Mutter, wenn sie wie vereinbart ihren Sohn alle 14 Tage zu einem Wochenende zu sich nach Hause abholt, in letzter Zeit stark nach Alkohol gerochen hat. Sie macht sich um ihr Pflegekind Sorgen. Eigentlich läuft der Pflegefall gut und die leibliche Mutter und die Pflegemutter kommen ganz gut miteinander aus. Sie informiert nun schweren Herzens die Mitarbeiterin vom Pflegekinderdienst. Die möchte in einem gemeinsamen Gespräch mit der Pflegemutter die leibliche Mutter mit dieser Tatsache konfrontieren.

Anregungen für die Auswertung der Rollenspiele:
- Ist die Konfrontation klar und unmissverständlich und ohne Schuldzuweisungen angekommen?
- Wie hat die KlientIn reagiert? Hat die BeraterIn diese gefühlsmäßigen Reaktionen wahrgenommen?
- Hat die BeraterIn vermitteln können, dass sie diese Reaktion versteht und akzeptiert?
- Zeigten sich Ansätze einer Be- und Verarbeitung der Gefühle bei der KlientIn?
- Zeigten sich Ansätze der Be- und Verarbeitung der Inhalte der Konfrontation?

5.4 Engaging in Verbindung mit anderen methodischen Ansätzen der Sozialen Arbeit

Herr Wollser, ein 73-jähriger Mann ist durch seine sich zunehmend verschlimmernde Arthrose an beiden Knien und an der Hüfte in seiner Bewegungsfreiheit und in der Bewältigung seiner alltäglichen Belange stark eingeschränkt. Er lebt seit dem Tod seiner Frau vor acht Jahren alleine, ist aber durchaus in der Lage, sich selbst zu versorgen. Er bräuchte allerdings mehr Unterstützung.

Wie könnte diese Unterstützung aussehen? Und welche sozialpädagogische Methode wäre geeignet, das herauszufinden?

Klientenzentrierte Beratung im engeren Sinne, also als leitende Methode, könnte dazu helfen, Herrn Wollser seine Lage klar zu machen und ihn möglicherweise zu aktivieren, seine soziale Situation zu verbessern.

Die Sozialarbeiterin kommt aber zu der Einschätzung, dass das Problem nicht in erster Linie in Herrn Wollser selber liegt sondern im sozialen Umfeld.

Die Sozialarbeiterin M. möchte durch eine Aktivierung und Rekonstruktion des sozialen Netzwerkes von Herrn Wollser seine Lebenssituation verbessern und absichern. Sie wird sich also lieber der Methode der Netzwerkarbeit bedienen.

Die hier gewählte Methode arbeitet sehr wohl auch mit Fragen und hält auch eine Lösungsstrategie vor, nämlich den Versuch, die bestehenden unterstützenden Ressourcen zu erkennen und zu aktivieren bzw. neue Unterstützungen zu vermitteln und anzuregen.

Die Sozialarbeiterin bemüht sich entsprechend ihrer sozialpädagogischen Konzeption von Netzwerkarbeit (vgl. z.B. Wendt 1995) gleichzeitig um eine ausgeprägte Subjektorientierung und damit um die aktive Teilnahme und Mitarbeit des Klienten. Deshalb setzt sie gleichzeitig auch die Klientenzentrierte Beratung als Hintergrundmethode ein.

Was aber könnte Engaging im Kontext der Netzwerkarbeit als Hintergrundmethode leisten?

- Erforderlich ist im Sinne des Engaging die Einhaltung der Grundvariablen: Akzeptanz, Empathie und Echtheit. Wobei sich Empathie hier weitgehend durch das nonverbale Verhalten der BeraterIn ausdrücken wird.
- In Situationen jedoch, in denen Gefühle offenbar werden, die für die KlientIn im Kontext des bearbeiteten Themas bedeutend sind und sie innerlich beschäftigen (sei es im Sinne einer Belastung, einer Blockade oder auch einer positiven Betroffenheit), werden auch klientenzentrierte Beratungssequenzen möglich, die von aktivem Zuhören und vom Verbalisieren dieser emotionalen Erlebnisinhalte geprägt sind.

Das empathische Eingehen auf diese inneren Erlebnisse auch im Sinne einer Verbalisierung ist erforderlich, damit die KlientIn als ganze Person in das Gespräch einbezogen bleibt. Gleichzeitig wird verhindert, dass entstehende Gefühle und Betroffenheiten den gemeinsamen Arbeitsprozess nicht stören, da sie bearbeitet und integriert werden können. Die KlientIn erhält außerdem die Gelegenheit, die erarbeitete Analyse und die erwogenen Lösungswege innerlich hinsichtlich ihrer persönlichen Relevanz und Geeignetheit zu prüfen. Diesen Prozess bezeichne ich als „innere Aushandlung".

Die Sensibilität der BeraterIn, kann ihr helfen, Situationen und Gelegenheiten zu erkennen, in denen ein solcher methodischer Einschub im Sinne des Verbalisierens von innerem Erleben der KlientInnen sinnvoll und notwendig ist.

Anhand unseres oben angeführten Beispiels soll nun veranschaulicht werden, was Engaging als Hintergrund- oder Basismethode in Kombination mit anderen Methoden bedeuteten und bewirken kann:

Im oben beschriebenen Fall möchte die Sozialarbeiterin herausfinden, welche Unterstützungsmöglichkeiten Herr Wollser in seiner Verwandtschaft und in seinem Freundeskreis erfährt bzw. erfahren könnte. Deshalb versucht sie, mit ihm eine Netzwerkkarte zu erstellen. Sie sprechen deshalb über verschiedene Personen in seinem Umfeld und darüber, was die für ihn bereits tun oder tun könnten und was er sich von ihnen erwartet.

An der unten wiedergegebenen Stelle des Gespräches, spürt die Beraterin bei Herrn Wollser eine emotionale Betroffenheit, die sie aufgreift.

„In Südstadt wohnt ja auch der Sohn von meinem Jüngsten, der Swen, mein Enkel also. Aber den sehe ich sehr selten. Der hat immer zu tun, wissen Sie. Der weiß auch gar nicht, dass es seinem Opa so schlecht geht.“

„Irre ich mich oder klingt da jetzt ein bisschen Enttäuschung über den Jungen mit?“

„Ach man kann der Jugend das ja nicht übel nehmen.“

„Aber Sie würden es schön finden, wenn er auch mal ein bisschen Zeit hätte, um nach Ihnen zu sehen?“

„Ich hab's ja mal seiner Mutter gegenüber angedeutet. Aber das hätte ich besser nicht gemacht. Ich verbrenn' mir da die Finger nicht mehr. Nein, den Swen, den können Sie streichen hier.“

„Sie hätten Angst, dass sie noch mal so eine Abfuhr erleben würden?“

„Man will sich ja nicht aufdrängen. Wenn es die lieben Verwandten eben nicht sehen, dass der Opa ihre Hilfe mal brauchen würde...“

„Das Erlebnis damals mit ihrer Tochter, das tut heute noch ein wenig weh, nicht wahr?“

„Wissen Sie, ich möchte nicht um Hilfe betteln, schon gar nicht bei denen. Für die hab ich früher so viel getan und jetzt...?“

„Da haben Sie ihren Stolz.“

„Was hat man denn sonst noch? Schauen sie, ich hab nicht mehr so viel zu la-chen. Aber ich will wenigstens nicht um deren Liebe betteln müssen, ja. Deshalb wird der Bub jetzt von der Liste gestrichen."

„Gut, sehen wir uns erst mal an, wen wir da noch haben. Da ist die junge Frau im Haus neben an......"

„Die ist sehr nett, hat mir neulich auch schon mal die Einkaufstasche die Treppe hoch getragen."
„Gut, die bleibt also."

„Wissen Sie, was mir gerade für ein Gedanke durch den Kopf geht? Die hat vielleicht auch einen Opa, um den sie sich nicht kümmert. Aber zu mir ist sie nett. Vielleicht ist das einfach so mit den eigenen Leuten: die eigenen Verwand-ten sind nicht so wichtig. Ich sollte mich vielleicht lieber an die Enkel anderer Leute halten, was meinen Sie?"....

Die weniger gute Alternative wäre hier gewesen, auf die Andeutung über seinen Enkel nicht weiter einzugehen und den Enkel ohne weitere Gedanken und Über-legungen einfach als mögliche Unterstützung auszuschließen.

Hier wird deutlich, welche Chancen vergeben werden, wenn Situationen – auch die im Rahmen anderer Methoden auftretenden Situationen – verpasst oder ausgeblendet werden, in denen eine Möglichkeit bestünde, durch die Klienten-zentrierte Beratung die Betroffenen bei der emotionalen Verarbeitung ihrer Prob-lemlage zu helfen und sie somit auch innerlich aktiv an der gemeinsamen Arbeit zu beteiligen.

Die Netzwerkarbeit, die für sich den Anspruch erhebt, subjektorientiert zu sein, dürfte durch die Hintergrundmethode des Engaging, also durch die aufrecht erhaltene akzeptierende und empathische Grundhaltung sowie durch das punktu-elle Aufgreifen von Gefühlen und Befindlichkeiten der Klientel, in keiner Weise gestört oder beeinträchtigt werden. Im Gegenteil, erst so wird das Ergebnis der Netzwerkberatung auch tatsächlich zu einem gemeinsamen Produkt.

Klientenzentrierte Beratung im Sinne einer Hintergrundmethode, die andere Methoden der Sozialen Arbeit begleitet und sich zu ihnen kompatibel verhält (vgl. Kap. 3.3.3), erfordert von der Beraterin vor allem die Fähigkeit, das berate-rische Verhalten konsequent auf die Grundhaltungen der Klientenzentrierten Beratung zu orientieren sowie die Sensibilität dafür, zu erkennen, wann es erfor-derlich oder angezeigt ist, im Sinne der Empathie über diese Grundhaltung hin-aus punktuell auch auf die bestehenden Gefühlslagen der KlientInnen direkt einzugehen.

Ein weiteres Beispiel:

> Eine Sozialpädagogin will versuchen, wegen einer belastenden Erziehungsproblematik mit einer Familie ins Gespräch zu kommen. Im Rahmen von Soziogrammarbeit möchte sie die Beziehungsstrukturen in der Familie und die Selbst- und Fremdwahrnehmungen der einzelnen Familienmitglieder herausarbeiten und für die Beteiligten bewusst machen.
>
> Sie wählt für die Soziogrammarbeit das kreative, tiefenpsychologisch ausgerichtete Verfahren „Familie in Tieren". Jedes Familienmitglied wird aufgefordert, zunächst die gesamte Familie zu malen. Jedes Familienmitglied soll dabei ein anderes Tier darstellen. Anschließend soll jeder dann für die anderen Familienmitgliedern sein Bild erläutern.
>
> Als der 6-jährige Sohn das Bild vorzeigt, auf dem er sich selbst weit ab von den anderen in einer Ecke des Blattes als kleine Ameise gemalt hat, während seine Eltern und die beiden Geschwister auf der anderen Blatthälfte fröhlich miteinander beschäftigt scheinen, wird der Mutter mit Schreck klar, wie ihr Sohn seine Situation in der Familie sieht. „*Was soll denn das, Robbi, warum bist du denn nicht bei uns?*", wird sie vielleicht erschüttert und fast vorwurfsvoll sagen. Robbi schweigt. Die Mutter wird nervös und fängt an, an dem Bild herum zu kritteln. „*Außerdem hat eine Ameise nicht nur vier Beine, Robbi!*", sagt sie vielleicht, um sich selber über ihre Betroffenheit hinweg zu helfen. Die Sozialpädagogin kann diese Situation kommentarlos vorbeigehen lassen. Die Familie entdeckt dann vielleicht als nächstes, dass Robbi den Bruder als Wolf gemalt hat und macht dazu Bemerkungen. Auf Robbis Ameise kommt keiner zurück.

Im Rahmen des Engaging wäre es hier sinnvoll, die Mutter vorsichtig und empathisch auf ihre Betroffenheit anzusprechen. Es könnte sich etwa folgender Dialog entwickeln:

„*Dass Robbi sich so sieht, das erschreckt sie schon ein wenig?*"

„*Ich versteh das gar nicht, er ist doch immer überall mit dabei!*"

„*Sie finden es irgendwie falsch, dass er sich soweit von allen entfernt malt?*"

„*Ja, schon.*" Sie unterbricht sich und plötzlich kommen ihr die Tränen. Niemand sagt etwas. Nach einer Pause meint die Sozialpädagogin:

„*Aber es macht sie auch traurig, dass er sich so sieht?*"

Sie nickt. „*Ich hätte das nicht gedacht. Ich hatte ja keine Ahnung...*"

Im Kontext der Soziogrammarbeit würde dieser kleine empathische Einschub reichen. Das Gespräch mit der Mutter soll ja nicht das ganze Familiengespräch sprengen. Aber auf diesen kleinen Dialog kann die Sozialpädagogin zurückkommen, wenn sie bei der nächsten Gelegenheit die Mutter alleine trifft.

„Ich erinnere mich, wie erschrocken sie über das Bild von Robbi waren. Sie konnten es schlecht mit ansehen, das er sich so weit ab von ihnen und den anderen an den Rand gemalt hatte?"

„Ich habe da noch den ganzen Abend drüber nachgedacht. Vielleicht mache ich mir einfach zu wenig Gedanken über meinen Jüngsten. Er wirkt immer fröhlich und zufrieden auf mich. Aber vielleicht habe ich auch in letzter Zeit nicht mehr so genau hingesehen, weil ich ihn gerne unkompliziert und zufrieden haben möchte. Die beiden Großen sind schwierig genug".....

Zum Üben der Basismethode Engaging im Kontext anderer Methoden können Rollenspiele von einzelnen, kurzen Szenen mit einer eng umschriebenen Thematik nicht ausreichen.

Geübt werden kann die Anwendung des Engaging im Sinne einer Hintergrundmethode am besten im Kontext komplexer Gesprächssituationen. Die Momente in solchen Gesprächsprozessen, in denen ein verstärktes Eingehen auf die emotionale Befindlichkeit der KlientIn erforderlich ist, lassen sich nicht isolieren und sind nicht unbedingt vorhersehbar. Sie vorher zu planen ist schwierig, weil längere Rollenspiele eine Eigendynamik entfalten, die auch gewünscht ist und die die Realitätsnähe des Spiels fördert. Trotzdem sollten die Rollenspiele von den Spielenden soweit vorstrukturiert werden, dass klar ist, welche Emotionen, emotionalen Reaktionen oder blockierenden Gedankengänge im Rahmen des Beratungsgespräches bei den KlientInnen auftreten könnten.

Grundsätzlich gilt, dass eigentlich jedes Subjekt bezogene Beratungsgespräch aus der Sozialen Arbeit als Übungsbeispiel geeignet ist, in dem (auch) andere Beratungs- oder Hilfemethoden der Sozialen Arbeit zum Einsatz kommen. Entsprechend können hier – neben der folgenden Übung 13 auch eigene Gesprächsverläufe aus der Beratungspraxis der Lernenden zu Übungszwecken genutzt werden.

Rollenspiel-Übung (13) : „Basismethode Engaging im Kontext mit anderen Methoden"

Als Ausgangspunkt für Übungsgespräche können die unten aufgeführten Fallkonstellationen genutzt werden.

Die Gesamtgruppe sollte im ersten Schritt das Arrangement des Gespräches planen (Wer soll dabei sein? Welches Setting ist denkbar, welche Rahmenbedingungen wären wichtig? Worum geht es? Vereinbarungen, Ziele?)

- Die SpielerInnen führen ein Beratungsgespräch mit der genannten Fragestellung bzw. Aufgabe durch und wenden dabei methodische Schritte an, die nicht aus dem Kontext der Klientenzentrierten Beratung stammen.
- Dabei versuchen sie, im gesamten Gesprächsverlauf die klientenzentrierte Grundhaltung aufrecht zu erhalten
- sowie, wenn sinnvoll und/oder notwendig, emotionale Betroffenheiten aufzugreifen und klientenzentriert zu verbalisieren.

Fallbeispiel: Hilfeplangespräch

Bei einem Hilfeplangespräch mit einer Mutter stellt die Sozialarbeiterin die Arbeit einer Tagesgruppe vor und überlegt mit ihr, ob das eine Hilfe für sie und ihren Sohn sein könnte. Es geht um den 9-jährigen Ronny, mit dessen Erziehung sich die Mutter – auch mit Blick auf ihre gerade einmal 5 Monate alten Zwillinge – überfordert sieht. Er ist aufsässig und aggressiv, macht was er will und kümmert sich nicht mehr um seine schulischen Angelegenheiten. Die Mutter sucht für ihn eine Lösung, die ihm gut tut, die aber auch für sie entlastend ist. Sie weiß, dass Ronny seit der Geburt der Zwillinge das Gefühl hat, für seine Eltern nicht mehr wichtig zu sein. Das tut ihr weh, aber sie kann zur Zeit einfach nicht mehr Zeit und Kraft für ihn aufbringen.

Sie wird sich während der Ausführungen der SozialpädagogIn über die Möglichkeiten einer Tagesgruppe besorgt fragen, ob Ronny sich nicht abgeschoben fühlen wird. Sie wird sich vielleicht Vorwürfe machen, dass sie ihren Ältesten weg schieben muss, weil sie die Zeit und die Kraft für die Zwillinge braucht. All diese Gedanken und Emotionen werden im Rahmen des Informationsgespräches im Hintergrund eine Rolle spielen und möglicher Weise sogar ihre Aufnahmefähigkeit blockieren.

Fallbeispiel: Wunderfrage

Im Rahmen eines systemischen Familiengespräches arbeitet eine BeraterIn mit zirkulären Fragen und setzt die „Wunderfrage" ein. Es geht ihr darum, dass die einzelnen Familienmitglieder neue Sichtweisen für die Situation entwickeln. Die 14-jährige Petra war der Anlass für die Familienberatung. Sie wird in der Familie als das schwarze Schaf angesehen, das durch ihre schlechten Schulleistungen und neuerdings durch ihren Umgang mit Jugendlichen einer Clique, die die Mutter als Asoziale bezeichnet, der Familie ständig Ärger bereitet und den Frieden der Familie gefährdet.

Die BeraterIn stellt folgende Frage an die Tochter: „Was würdest du denken, wenn Folgendes passieren würde: Du kommst aus der Schule und deine Mutter sagt zu dir: ‚Du bist ein tolles Mädchen, wir sind alle stolz auf dich?'"

„Dann wäre sie sicher verrückt geworden", wird das Mädchen vielleicht antworten, „so was würde sie nie sagen!" Oder aber sie könnte antworten: „Dann würde ich ihr um den Hals fallen und ihr sagen, wie lieb ich sie habe".

Beide Aussagen wären bei dem Mädchen von starken Gefühlen begleitet: Wut, Hass, Enttäuschung, Verzweiflung im ersten Fall, Traurigkeit, Sehnsucht nach Liebe, Hoffnung im zweiten Fall.

Beide Aussagen würden aber bei der betroffenen Mutter (und sicher auch bei den anderen Familienmitgliedern) ebenfalls Gefühle auslösen: Schreck, Ärger, Wut, Hoffnungslosigkeit im ersten Fall, Rührung, Überwältigung, Freude, Zuneigung im zweiten Fall.

Diese plötzlich offenkundigen und intensiv erlebten Gefühlslagen, die die Wunderfrage ausgelöst hat, möchte die BeraterIn nicht einfach auf sich beruhen lassen. Bevor sie im Sinne der systemischen Arbeit mit den Aussagen des Mädchens zur Wunderfrage weiterarbeitet, kann sie versuchen, auf die durch diese Aussagen ausgelöste Betroffenheit einzugehen.

Fallbeispiel: Anamnese

Bei einem Erstgespräch befragt die BezirkssozialarbeiterIn die Mutter über das von ihr beklagte Bettnässen ihrer kleinen Tochter: Wann es zum ersten Mal aufgetreten sei, wie sie reagiert habe, ob das Problem schon einmal medizinisch abgeklärt worden sei etc.

Die Mutter wird sicherlich versuchen, die ihr gestellten Fragen genau zu beantworten. Gleichzeitig zieht vermutlich vor ihrem inneren Auge die ganze belastende Geschichte vorbei: der Schreck, als es zum ersten Mal passierte, der aufkommende Ärger, als es immer wieder vor kam, die Verzweiflung schließlich, als ihr weder der Kinderarzt noch der Rat der Erzieherin irgendwie hatte helfen können und sie nicht mehr weiter wusste, die Scham, weil ihr irgendwann einmal die Hand ausgerutscht ist oder sie ihre Tochter angeschrien hat, die Angst, dass das Problem jetzt wegen der bevorstehenden Klassenfahrt mit der Lehrerin besprochen werden muss, die Befürchtung, ihre Tochter könnte wegen ihres Bettnässens von den Klassenkameraden gehänselt werden usw.

Es ist anzunehmen, dass die Mutter während des Informationsgespräches mit ihren Sorgen und Ängsten befasst sein wird und kaum über irgendwelche Lösungsschritte, die ihr vorgeschlagen werden, nachdenkt, solange sie ihre Sorgen nicht aussprechen kann.

Die Beobachtungsgruppe sollte sich für die anschließende Auswertung auf folgende Momente konzentrieren:
- Wie war die Grundhaltung: Vermittelte sie Akzeptanz und Empathie?
- An welchen Stellen wäre ein empathisches Aufgreifen der Gefühlslage sinnvoll gewesen? Wurde es versucht?
- Wenn ja, welchen Einfluss hatte das auf den weiteren Gesprächsverlauf?
- Wenn nein, welchen Einfluss hatte das für den weiteren Gesprächsverlauf und für das Gesprächsergebnis?

5.5 Engaging als Basismethode im Kontext sachbezogener Beratungs- und Handlungsphasen

Frau Maier verfügt über die in Sozialarbeiterkreisen „berühmt berüchtigte Schublade mit ungeöffneten Rechnungen". Im Rahmen einer sozialpädagogischen Familienhilfe wird dieses Problem offenbar und man beschließt einvernehmlich, zur Regelung der Finanzen und zur Begleichung des Schuldenberges fachkundigen Rat einzuholen.

Frau Maier bekommt einen Termin in einer Schuldnerberatungsstelle. Die Soziale Arbeit tritt damit in eine Phase, in der es nicht unmittelbar um persönliche Probleme geht (für die ist ja die Familienhelferin da), sondern darum, fachkundiges Wissen zur praktischen Bewältigung einer Problemlage einzuholen. Beratung als Information und als Vermittlung konkreter Handlungsschritte sind hier gefragt.

Klientenzentrierte Beratung als Basismethode in sachbezogenen Phasen und Aufgabenstellungen Sozialer Arbeit bedeutet nichts grundsätzlich anderes als die oben beschriebene Umsetzungsweise des Engaging im Kontext anderer Methoden. Auch hier heißt Engaging: Die Klientenzentrierte Beratung ist die Basismethode, die im Hintergrund bleibt, aber immer präsent ist:

- Im Rahmen von Engaging wird es auch hier also zum ersten darum gehen, die klientenzentrierte Haltung als „Hintergrundfolie" für themenzentrierte Beratungsphasen zu praktizieren.
- Zum zweiten bedeutet Engaging auch in der themenzentrierten Arbeit, empathische Kommunikationsmethoden latent bereitzuhalten und in entsprechenden Momenten bei Bedarf zu nutzen (vgl. Kap. 3.4).

In der Schuldnerberatungsstelle legt Frau Maier ihre finanzielle Situation dar und ihre unbezahlten Rechnungen vor. Eine Zeit lang bemüht sich die Beraterin, Ordnung und Übersicht in das Chaos zu bringen. Als sie Frau Maier eine erste grobe Einschätzung der finanziellen Lage mitteilt, bricht diese in Tränen aus.

Was wird die Schuldnerberaterin jetzt machen? Sie kennt wahrscheinlich solche Reaktionen und fürchtet sie vielleicht. Möglicherweise versucht sie, über diese peinliche Szene einfach hinweg zu gehen. Sie bleibt weiter korrekt und freundlich. Frau Maier reißt sich deshalb zusammen und versucht, ihre Gefühle zu beherrschen. Vermutlich kann sie aber jetzt nicht mehr wirklich zuhören. In ihrem Kopf drehen sich andere Gedanken: ‚*Wie konnte mir bloß so was passieren? Ach Gott, ist das peinlich! Wie sollen wir denn jetzt klar kommen? Die hat gut reden! Die weiß bestimmt nicht, wie beschissen diese Situation wirklich ist, wie beschämend und wie bedrückend. Was hat sie gesagt? Jetzt hab ich das Wichtigste bestimmt wieder verpasst. Meine Güte, hoffentlich ist sie bald fertig und ich kann wieder gehen....*'

Vielleicht ist die Schuldnerberaterin auch weniger freundlich. Möglicherweise bemerkt sie nur: „*Tut mir Leid, aber so sieht es aus. Da ist wahrhaftig einiges schief gelaufen. Und jetzt geht es darum, eine Lösung zu finden!*" Nun fühlt sich Frau Maier möglicherweise angegriffen und gedemütigt. Auch jetzt wird sie nicht mehr wirklich zuhören und mitmachen können, weil sie mit ihrem Ärger über diese Frau und über die ganze Situation innerlich zu tun hat.

Vielleicht versucht die Schuldnerberaterin die Situation auch zu retten und sagt: *„Frau Meier, wissen Sie, ich kenne da Leute, die haben noch ganz andere Schulden. Passen Sie auf, wir kriegen das schon in den Griff!"* Und Frau Maier lächelt etwas gequält und bemüht sich brav, Optimismus zu zeigen und zu verstehen, was die Frau ihr erklärt, aber sie sagt sich die ganze Zeit, dass ihr das Problem, wie es ist, wirklich schon völlig reicht und dass ihr beim Gedanken daran, was alles auf noch sie zukommt, schwarz vor Augen wird.

Wäre also die Beraterin an dieser Stelle über den Schreck bzw. den Zusammenbruch von Frau Maier auf die oder die andere Weise hinweg gegangen, wäre Frau Meier im weiteren Verlauf des Gesprächs im Wesentlichen mit ihrem Schreck, ihrer Scham und dem Gefühl voll beschäftigt gewesen, dass keiner sie versteht und alle ihr die Schuld geben.

Was könnte Engaging hier leisten?

Eine Beraterin, die mit einer empathischen Grundhaltung in dieses Sachthema eingestiegen wäre, hätte den Schreck und die Scham der Frau gespürt. Es wäre ihr klar gewesen, dass diese „Störgefühle" für die KlientIn eine weitere sachliche Auseinandersetzung erst einmal blockieren würden. Deshalb würde sie versuchen, diese „Störgefühle" bewusst wahr- und anzunehmen, sie sozusagen der KlientIn zuzugestehen und ihr zu helfen, sich ihrem Schreck und ihrer Scham zu stellen.

Es könnte dann z.B. so weitergehen:

„Sie sind ganz erschrocken darüber, wie schlimm es aussieht?"

Frau Maier nickt unter Tränen. Die Beraterin wartet einen Moment. Frau Maier schnäuzt sich und murmelt „Entschuldigung. Aber so schlimm hatte ich mir das gar nicht vorgestellt. Machen Sie nur weiter, es tut mir Leid!"

„Ich merke, es ist Ihnen unangenehm, dass das jetzt hier so offen zu Tage kommt."

Frau Meier nickt und schnieft. *„Das ist mir richtig peinlich, wissen Sie, dass mir so was passiert ist."*

„Sie haben das Gefühl, sie müssten sich dafür schämen?"

„Ja, genau. Aber es kam einfach so. Ich habe es nicht richtig begriffen und ich wollte es ja auch nicht begreifen."

„Am liebsten würden Sie das alles nicht wahr haben wollen?"

„Ja, natürlich. Es ist schrecklich. Aber es ist gut, dass endlich jemand kommt und hilft."

„Es erleichtert Sie doch auch, dass wir jetzt hier sitzen?"

„Ja, doch, ehrlich gesagt fällt mir erst mal ein Stein vom Herzen, auch wenn Sie jetzt sagen, wie schlimm es für mich aussieht. Das ist jedenfalls der erste Schritt."

„Also können wir uns das ganze Unglück doch jetzt mal genauer ansehen?"

„Ja, ich denke, ich packe es jetzt."

„Gut. Also, wir haben hier ...."

Die akzeptierende und empathische Haltung hilft Frau Maier, sich erneut auf das sachliche Thema einzustellen oder wie Rogers es ausdrückt „auf dem Weg der Entwicklung voranzukommen" (Rogers, 1992, S. 32). Sie wird in die Lage versetzt, sich mit ihrem Schuldenberg auseinander zu setzen, obwohl das Thema bei ihr unangenehme Gefühle auslöst und sie sich eigentlich nicht mehr damit befassen möchte. Sachliche Fragen und Zusammenhänge werden besser und leichter begriffen und es besteht eine viel größere Offenheit für neue Informationen und alternative Handlungsvorschläge, wenn diese Information in einer akzeptierenden, empathischen Atmosphäre vermittelt wird und wenn – bei Bedarf – auf blockierende oder ablenkende Emotionen empathisch und akzeptierend eingegangen wird.

Ein letztes Beispiel:

> Der Sozialarbeiter eines freien Trägers der Altenarbeit trifft sich mit Frau Rentsch, um ihr mehrere Seniorenheime vorzustellen. Sie muss ihre Mutter unterbringen, die bisher in einer anderen Stadt gewohnt hat, jetzt aber ein Pflegefall geworden ist. Die Frau möchte ihre Mutter in ihrer Nähe wissen. Nach der Besichtigung sitzen sie zu-

sammen in einem Café, um den Eindruck von Frau Rentsch festzuhalten und sich über das weitere Vorgehen abzustimmen:

„Also die letzte Wohngruppe hat mir eigentlich am besten gefallen. Da kam es mir so vor, als wäre das dann doch noch so halbwegs ein normales Leben für meine Mutter."

„Bei der Situation ihrer Mutter und bei ihrer Pflegestufe wäre aus meiner Sicht aber doch auch an die Unterbringung in einem Heim zu denken. Die Versorgung ist da reibungsloser gesichert, wissen Sie."

„Die Heime, die Sie mir gezeigt haben waren sicher gute Heime, aber ich weiß nicht, es bleibt doch eben dieser Heimcharakter. Ich kann mir meine Mutter da schlecht vorstellen."

„Das Antonius Heim hätte auch den Vorteil, ziemlich in der Nähe ihrer Wohnung zu sein. Haben Sie auch daran gedacht? Andererseits spielt ja auch die Kostenfrage eine Rolle, denke ich mir."

„Ach wissen Sie, mit der habe ich mich längst abgefunden. Hauptsache, meiner Mutter geht es einigermaßen. Sie würde ja am liebsten bei mir zu Hause gepflegt werden. Aber das geht einfach nicht, wissen Sie."

„Ich verstehe. Aber ist es dann nicht wichtig, dass Sie ihrer Mutter wenigstens versprechen können, sie oft zu besuchen? Ich meine, da spielt dann doch die Lage der Einrichtung eine große Rolle?"

„Schön. Ich werde es mir durch den Kopf gehen lassen. Ich werde sie anrufen. Erst mal vielen Dank, Herr Peters."

Wenn Herr Peters sich hier als reiner Manager der Betriebseinheit Wohngruppenverband e.V. versteht, wird er sich nicht weiter um die Gefühlslage von Frau Rentsch scheren wollen. Wenn es ihm aber als Sozialpädagoge u.a. darum geht, dass ein Arrangement getroffen wird, bei dem die alte Dame und die Tochter beide zurecht kommen und unter den gegebenen Bedingungen optimal miteinander kommunizieren können, dann wäre ihm zu raten, auf die von Frau Rentsch angedeuteten, sie beschäftigenden Gefühle und Überlegungen einzugehen, damit sie eine Wahl trifft, die sie auch leben kann.

Mit der Methode Engaging im Hinterkopf wäre er auf die offensichtliche, wenn auch verdeckt geäußerte Gefühlslage von Frau Rentsch eingegangen und hätte für sie damit die Ausgangslage für die anstehende Entscheidung deutlich verbessert. Denn es handelt sich für Frau Rentsch ganz offensichtlich nicht nur um eine rein sachliche Frage. Die innere Betroffenheit von Frau Rentsch spielt bei dieser Entscheidung mit und steht einer sachlich guten Lösung möglicherweise im Wege.

Der Sozialarbeiter hätte im Sinne des Engaging im Verlauf des oben wiedergegebenen Gespräches anders reagieren können und damit nähme auch das weitere Gespräch einen anderen Verlauf:

....

„Ach wissen Sie, mit der habe ich mich längst abgefunden. Hauptsache, meiner Mutter geht es einigermaßen. Sie würde ja am liebsten bei mir zu Hause gepflegt werden. Aber das geht einfach nicht, wissen Sie."

„Täusche ich mich, oder belastet sie diese Erwartung ihrer Mutter ein wenig?"

„Sie haben Recht. Es setzt mich ganz schön unter Druck, ihr sagen zu müssen, Mama, das kann ich nicht. Ich habe keine Zeit, auch keinen Platz. Aber ich will es auch gar nicht, wissen Sie."

„Es fällt ihnen schwer, dazu zu stehen? Es kommt mir so vor, als hätten sie ein bisschen ein schlechtes Gewissen deshalb?"

„Natürlich. Ist es nicht so: Eigentlich müsste man doch seine alte Mutter aufnehmen und ihr helfen! Schließlich hat sie einen früher als Kind auch versorgt und behütet. Und nun stehe ich da und suche ein Heim oder eine WG, wohin ich sie abschieben kann. Ein scheußliches Gefühl!"

„Es geht ihnen richtig schlecht mit der Situation?"

„Aber es nutzt ja nichts. Es geht einfach nicht. Ich müsste meinen Beruf aufgeben. Ich müsste mein Leben aufgeben. Ein Horrortrip wäre das! Da ist es doch wirklich ein Klacks, in der Woche ein paar mal zu ihr rüber ins Heim zu gehen. Aber selbst davor habe ich Angst, wenn ich ehrlich bin."

„Sie sind selber ein wenig erschüttert, dass sie selbst das noch als Last vor sich sehen. Die Besuche werden für sie keine Freude sein, denken Sie?"

„Ich fürchte nein. Und wenn sie so nah bei mir wohnt, also z.b. hier um die Ecke im Antonius Heim, dann sehe ich schon, dass ich mich ständig unter Druck gesetzt fühlen würde, doch noch schnell bei ihr vorbei zuschauen. Eigentlich ist mir das zu viel. "

„Sie würden sich dann verpflichtet fühlen...? "

„Wenn meine Mutter hier in der Stadt lebt, werde ich mich um sie kümmern. Das will ich ja schließlich auch. Aber ich muss aufpassen, dass mich die Situation nicht auffrisst. Davon hätten beide wohl nichts. "

„Sie möchten heraus finden, welche Unterbringungslösung auch für Sie verkraftbar und auszuhalten ist".

„Ja, ich denke es geht nicht nur um meine Mutter. Ich selber muss auch damit leben können. Alles andere wäre gefährlich, glaube ich".

„Also möchten Sie so entscheiden, dass auch Sie dabei für sich selber ein gutes Gefühl haben?.

„Genau. Das möchte ich. "

Pause

„Ich werde mir das Ganze noch einmal durch den Kopf gehen lassen. Ich werde sie anrufen. Erst mal vielen Dank, Herr Peters. Sie haben mir sehr geholfen. "

Auch in diesem letzten Übungsbereich können kleine isolierte Gesprächssequenzen für die Rollenspiele nicht mehr ausreichen. Die kritischen Momente in solchen sachbezogenen Gesprächsprozessen lassen sich nicht isolieren.

Geübt werden kann dieser Lernschritt am besten im Rahmen komplexer Gespräche, bei denen ein sachliches Thema im Vordergrund steht. Die Rollenspiele sollten dabei soweit vorstrukturiert werden, dass für die Spielenden klar ist, welche Emotionen, emotionalen Reaktionen oder blockierenden Gedankengänge im Rahmen des Gespräches bei den KlientInnen auftreten könnten.

Neben den in Übung 14 aufgeführten Beispielen eignen sich zur Übung auch hier wieder Gespräche aus dem Erfahrungsschatz der Lernenden.

Rollenspiel-Übung (14): Basismethode Engaging im Kontext sachbezogener Beratungsgespräche

Die Spieler versuchen, ein sachbezogenes Beratungsgespräch zu führen und dabei
- zum Einen, die klientenzentrierte Grundhaltung aufrecht zu erhalten
- sowie zum Zweiten mögliche und notwendige empathische Gesprächsmomente umzusetzen, ohne aber deshalb das sachliche Thema zu verlassen oder aus den Augen zu verlieren.

Fallbeispiel: Elternabend

Nach dem Elternabend im Kindergarten spricht Sie eine Mutter an und bittet um Ihren Rat. Ihr älteres Kind ist jetzt in der 4. Klasse und es steht die Entscheidung der weiterführenden Schule an. Der Junge ist eher mittelmäßig in seinen Leistungen aber die Eltern gehen davon aus, dass er einmal studieren soll. Was sollen Sie tun? Welcher Schultyp wäre anzuraten?

Denkbar ist hier, dass die Eltern Angst davor haben, ihr Kind könnte in der Schule versagen bzw. ein bestimmter Schultyp könnte ihr Kind nicht genügend fördern. Gedanken und Emotionen, die sich mit dieser Befürchtung befassen, werden im Rahmen des eigentlich rein sachlichen Gespräches im Hintergrund eine Rolle spielen.

Fallbeispiel: Vorbereitung der Schuldisko

Ein Schulsozialarbeiter spricht mit einem Schüler der 9. Klasse über die geplante Disco-Veranstaltung. Der Schüler, eher ein Außenseiter in der Klasse, hat sich bereit erklärt, sich an der Vorbereitung zu beteiligen. Ziel der Überlegungen ist es, möglichst viele Schüler anzusprechen und dafür zu sorgen, dass die Disco nicht in ein Besäufnis ausartet.

Man könnte sich vorstellen, dass der Schüler einerseits zwar stolz darauf ist, diese Aufgabe mit dem Schulsozialarbeiter zusammen übernehmen zu dürfen, dass er aber gleichzeitig große Sorgen hat, ob die Mitschüler sich von ihm, dem Außenseiter, überhaupt etwas sagen lassen werden.

Fallbeispiel: Hausbesuch bei einem chronisch Kranken

Sie besuchen einen chronisch Kranken und schauen, ob er zurecht kommt und ob er noch hinreichend Medikamente hat.

Der Betroffene wird sicherlich bereit sein, mit Ihnen die Fragen zu besprechen, um die es Ihnen geht. Im Hintergrund aber ist er vielleicht mit den Sorgen belastet, die ihn nieder drücken: seine ständig fortschreitende Krankheit, die Freunde, die ihn nicht mehr besuchen wollen usf. Möglicherweise freut er sich auch über Ihren Besuch und würde ihn am liebsten weiter ausdehnen, um nicht alleine sein zu müssen.

Fallbeispiel: Rehaklinik

Die Sozialarbeiterin in einer Rehaklinik für Thoraxoperierte hat Sprechstunde. Ein Rentner, Herr Gabriel, kommt, um sich über die Möglichkeiten für einen Behindertenausweis zu informieren.

Herr Gabriel fordert die besagten Informationen ein und wird sich auch für die Thematik interessieren. Seine Erkrankung und ihre Folgen für sein weiteres Leben, etwa die Fragen, ob er die Diät in Zukunft wird einhalten müssen und ob er noch weiter seinen Garten bewirtschaften kann, werden ihn gleichzeitig beschäftigen und während des Gespräches für ihn präsent sein.

Die Beobachtungsgruppe sollte sich auf folgende Momente konzentrieren:
- Wie war die Grundhaltung der BeraterIn: Vermittelte sich Akzeptanz und Empathie?
- An welchen Stellen wäre eine empathische Spiegelung der Gefühlslage sinnvoll gewesen? Wurde es versucht?
- Wenn ja, welchen Einfluss hatte das auf den weiteren Gesprächsverlauf?
- Wenn nein, welchen Einfluss hatte das für den weiteren Gesprächsverlauf und für das Gesprächsergebnis?

Abschlussbemerkung

Engaging bedeutet, dass

- durch die empathische Arbeit mit unmotivierten KlientInnen,
- durch einen empathischen Ansatz des Konfrontierens und
- durch den Einsatz der Klientenzentrierten Beratung als Basis- oder Hintergrundmethode

in allen möglichen Phasen und Beratungszusammenhängen der Sozialen Arbeit ein klientenzentrierter Umgang mit den Menschen möglich wird und die Klientenzentrierte Beratung auch in der Sozialen Arbeit in vollem Umfang und in allen Praxisfeldern und im Kontext der meisten methodischen Zugänge ihre Wirkung in Richtung Empowerment ihrer Klientel entfalten kann.

Deshalb ist das Erlernen dieses erweiterten methodischen Ansatzes Klientenzentrierter Beratung gerade für SozialpädagogInnen sinnvoll.

Literaturverzeichnis

Bamberger, G: Lösungsorientierte Beratung. Weinheim 2005

Bandler, R./Grinder, J.: Metasprache und Psychotherapie. Die Struktur der Magie. Paderborn 1981

Bastine R.: Ansätze zur Formulierung allgemeiner Interventionsstrategien in der Psychotherapie, In: Jankowski, P./Teuschlin, A,/Fitkau, H.J./Mann, F.(Hrsg.): Klientenzentrierte Psychotherapie heute. Göttingen 1976, S. 193-207

Biermann-Ratjen, E.-M./Eckert, J./-Schwartz, H.-J.: Gesprächspsychotherapie; Verändern durch Verstehen. Stuttgart 2003

Bliesener, Th./Brons-Albert, R.: Rollenspiele in Kommunikations- und Verhaltenstrainings. Opladen 1994

Böhnisch, L./Schöer, W./H. Thiersch: Sozialpädagogisches Denken. Wege zu einer Neubestimmung. Weinheim 2005

Böhnisch, L.: Sozialpädagogik des Kindes- und Jugendalters. Eine Einführung. Weinheim 1992

Buchholz-Graf, W.: Zur Entwicklung der ambulanten Hilfen zur Erziehung. In: Kreutzer, M. (Hrsg.): Handlungsmodelle in der Familienhilfe. Zwischen Networking und Beziehungsempowerment. Neuwied 2001

Buchholz-Graf, W./Gmür, W./Höfer, R./Straus, F.: Lebenswelt und Familienwirklichkeit. Studien zur Praxis der Familienberatung. Frankfurt 1984

Bundesminister für Jugend, Familie, Frauen und Gesundheit: Achter Jugendbericht: Bericht über Bestrebungen und Leistungen der Jugendhilfe. Bonn 1990

Chassé, K.-A./v. Wensierski, H.-J. (Hrsg): Praxisfelder der Sozialen Arbeit. Weinheim 2004

Cohn, R.C.: Von der Psychoanalyse zur themenzentrierten Interaktion. Von der Behandlung einzelner zu einer Pädagogik für alle. Stuttgart 1975

Eckert, J./Bierman-Ratjen, E.-M./D. Höger (Hrsg.): Gesprächspsychotherapie. Lehrbuch für die Praxis. Heidelberg 2006:

Frenzel, K./Keil, W.W./Schmid, P.F./Stölzl, N. (Hrsg.): Klienten-/Personenzentrierte Psychotherapie. Kontexte, Konzepte, Konkretisierungen. Wien. 2001

Frenzel, P./Schmidt P.F./Winkler, M. (Hrsg.): Handbuch der personenzentrierten Psychotherapie. Köln, 1992

Galuske, M.: Flexible Sozialpädagogik. Elemente einer Theorie Sozialer Arbeit in der modernen Arbeitsgesellschaft. Weinheim 2002

Galuske, M.: Methoden der Sozialen Arbeit. Eine Einführung. Weinheim 2007

Galuske, M./W. Thole (Hrsg.): Vom Fall zum Management. Neue Methoden der Sozialen Arbeit. Wiesbaden 2006

Gehrmann, G./K. D. Müller: Familie im Mittelpunkt. Handbuch effektives Krisenmanagement für Familien. Regensburg 2008

Gehrmann, G./K. D. Müller: Methodischer Exkurs. Das ABC der Arbeit mit Erwachsenen, die nicht kooperieren wollen In: Sozialmagazin, Zeitschrift für Soziale Arbeit. Heft 10/2002

Gehrmann, G./K. D. Müller: Motivierende Sozialarbeit. Ein Konzept für die Arbeit mit nicht motivierten Klienten und Klientinnen. : In: Sozialmagazin. Zeitschrift für Soziale Arbeit. Heft 10/2002

Gehrmann, G./K. D. Müller: Unmotiviert?! Zum Beispiel eine Familie, die denkt, es sei alles in Ordnung: In: Sozialmagazin. Zeitschrift für Soziale Arbeit. Heft 10/2002

Gehrmann, G./K. D. Müller: Aktivierende Soziale Arbeit mit nicht-motivierten Klienten. Regensburg 2007

Geißler, K.-H./M. Hege: Konzepte sozialpädagogischen Handelns. Ein Leitfaden für soziale Berufe. Weinheim 2001

Gendlin, E.T./J. Wiltschko: Focusing in der Praxis. Hamburg 1999

Gildemeister, R./G. Robert: „Ich geh da von einem bestimmten Fall aus" Professionalisierung und Fallbezug in der sozialen Arbeit. In: Jakob, G./H.-J. v. Wensierski (Hrsg.): Rekonstruktive Sozialpädagogik. Konzepte und Methoden sozialpädagogischen Verstehens in Forschung und Praxis. Weinheim, 1997, S. 23 ff

Gordon, Th.: Die Familienkonferenz. München 1989

Göppner, H.-J.: Teilrationalität als Problem der Entwicklung der Sozialarbeitswissenschaft als Praxiswissenschaft – am Beispiel lebenswelt- und personenzentrierter Ansätze, In: Sozialmagazin, 7-8/97: S. 34-43

Gumpinger, M. (Hrsg.): Sozialarbeit mit unfreiwilligen KlientInnen. Linz 2001

Habermas, J.: Theorie kommunikativen Handelns. 2 Bände. Frankfurt a. M. 1981

Hamburger, F.: Einführung in die Sozialpädagogik. Stuttgart 2003

Heron, J.: Helping the Klient. London 1990

Herriger, N.: Empowerment in der Sozialen Arbeit. Eine Einführung. Stuttgart 2002

Hesser, K.E.: Soziale Arbeit mit Pflichtklientelschaft – methodische Reflexionen, in: Gumpinger, M. (Hrsg.): Sozialarbeit mit unfreiwilligen KlientInnen. Linz 2001; S. 25-41

Hinte, W./F. Karas: Studienbuch Gruppen- und Gemeinwesenarbeit. Eine Einführung für Ausbildung und Praxis. Neuwied 1989

Jankowski, P./Teuschlin, A./Fitkau, H.J./Mann, F. (Hrsg.): Klientenzentrierte Psychotherapie heute. Göttingen 1976

Kleve, H.: Postmoderne Sozialarbeit. Ein system-theoretisch-konstruktivistischer Beitrag zur Sozialarbeits-Wissenschaft. Aachen 1999

Kleve, H./Have, B. /Hampe-Grosser, A./Müller, M.: Systemisches Case Management. Falleinschätzung und Hilfeplanung in der Sozialen Arbeit. Heidelberg 2006

Klüsche, W.: Professionelle Helfer. Anforderungen und Selbstdeutungen. Aachen 1990

Körkel, J., A. Drinkmann: Wie motiviert man „unmotivierte" Klienten?: In: Sozialmagazin . Zeitschrift für Soziale Arbeit. Heft 10/2002

Kreuzer M. (Hrsg.): Handlungsmodelle in der Familienhilfe. Zwischen Networking und Beziehungsempowerment. Neuwied, 2001

Löhmer, C./R. Standhardt: TZI – Die Kunst, sich selbst und eine Gruppe zu leiten. Einführung in die Themenzentrierte Interaktion. Stuttgart 2006

Lüssi, P.: Systemische Sozialarbeit. Praktisches Lehrbuch der Sozialberatung. Bern 1991

Meinhold, M.: Biografisches Fallverstehen. In: Galuske.M./W. Thole (Hrsg.): Vom Fall zum Management. Neue Methoden der Sozialen Arbeit. Wiesbaden 2006, S. 55ff

Merchel, J.: Von der psychosozialen Diagnose zur Hilfeplanung. In: Soziale Praxis, Heft 15. Hilfeplanung und Betroffenenbeteiligung. Münster 1994

Miller, W. R.,/St. Rollnick: Motivierende Gesprächsführung. Ein Konzept zur Beratung von Menschen mit Suchtproblemen. Freiburg i. B. 2005

Mollenhauer, K./C.W. Müller: Führung und Beratung in pädagogischer Perspektive. Weinheim 1965

Müller, B.: Sozialpädagogisches Können. Ein Lehrbuch zur multiperspektivischen Fallarbeit. Freiburg i. B. 2006

Münder, J./J. Baltz/D. Kreft: Frankfurter Kommentar zum SGB VIII. Kinder- und Jugendhilfe. Stand 1.4.2006. Stuttgart 2006

Oerter R./L. Montada (Hrsg.): Entwicklungspsychologie. Ein Lehrbuch. Weinheim 2002

Rauschenbach, Th. et al.: Der sozialpädagogische Blick. Weinheim 1993.

Reuter-Spanier, D.: Elternarbeit – mit oder gegen Eltern? In: jugendhilfe, 41. JG, 3/003, S. 124 ff

Rogers, C.R.: Die nicht-direktive Beratung. Counseling and Psychotherapy. Frankfurt a. M. 1994

Rogers, C.R.: Die klientenzentrierte Gesprächspsychotherapie. Frankfurt a. M. 2005 (17.)

Sander, K.,: Personenzentrierte Beratung. Ein Arbeitsbuch für Ausbildung und Praxis. Weinheim 1999

Schaarschuch, A.: Theoretische Grundelemente Sozialer Arbeit als Dienstleistung. Ein analytischer Zugang zur Neuorientierung Sozialer Arbeit. In: Neue Praxis 29 (1999), S. 543-560

Schaller, R.: Das große Rollenspielbuch. Grundtechniken, Anwendungsformen, Praxisbeispiele. Weinheim 2006

Schefold, W./Glinka, H.-J./Neuberger, Ch./Tilemann, F.: Hilfeplanverfahren und Elternbeteiligung. Evaluationsstudie eines Modellprojektes über Hilfeerfahrungen von Eltern im Rahmen des KJHG. Frankfurt a. M 1998

Scheper, G./C. König: Video-Home-Training. Weinheim 2000

Schulz van Thun, F.: Miteinander Reden. Störungen und Klärungen. Hamburg 2007

Seithe, M.: Praxisfeld: Hilfe zur Erziehung. Fachlichkeit zwischen Lebensweltorientierung und Kindeswohl. Opladen 2001

Sickendiek, U./F. Engel/F. Nestmann: Beratung. Eine Einführung in sozialpädagogische und psychosoziale Beratungsansätze. Weinheim 2002

Straumann, U.: Professionelle Beratung. Bausteine zur Qualitätsentwicklung und Qualitätssicherung. Heidelberg 2000.

Tausch, R. /A.-M. Tausch: Erziehungspsychologie. Begegnung von Person zu Person. Göttingen 1991

Thiersch, H: Strukturierte Offenheit. Zur Methodenfrage einer lebensweltorientierten Sozialarbeit. In : Rauschenbach, Th. et al.: Der sozialpädagogische Blick. Weinheim 1993

Thiersch, H.: Ambulante Erziehungshilfen und das Konzept Lebensweltorientierung. In: Chassé, K.-A./v. Wensierski, H.-J. (Hrsg): Praxisfelder der Sozialen Arbeit. Weinheim 2004, S. 117 ff.

Thiersch, H.: Die Erfahrung der Wirklichkeit. Perspektiven einer alltagsorientierten Sozialpädagogik. Weinheim 1986

Thiersch, H.: Ganzheitlichkeit und Lebensweltbezug als Handlungsmaximen der sozialen Arbeit. In: Institut für Soziale Arbeit (Hrsg.): Essener ASD-Kongress. Münster 1991

Thiersch, H.: Homo consultabilis: Zur Moral institutionalisierter Beratung, in: Böllert, K./Otto, H.U. (Hrsg.): Soziale Arbeit auf der Suche nach der Zukunft, Bielefeld 1989, S. 175-193.

Thiersch, H.: Lebensweltorientierte Soziale Arbeit. Aufgaben der Praxis im sozialen Wandel. Weinheim 2005

Wensierski v., H.-J.: Verstehende Sozialpädagogik. Zur Geschichte und Entwicklung qualitativer Forschung im Kontext der Sozialen Arbeit. In: Jakob, G./H.-J. v. Wensierski (Hrgs.): Rekonstruktive Sozialpädagogik. Konzepte und Methoden sozialpädagogischen Verstehens in Forschung und Praxis. Weinheim 1997, S. 77 ff

Völzke, R.: Biographisches Erzählen im beruflichen Alltag. Das sozialpädagogische Konzept der biographisch-narrativen Gesprächsführung. In: Jakob, G./H.-J. v. Wensierski (Hrsg.): Rekonstruktive Sozialpädagogik. Konzepte und Methoden sozialpädagogischen Verstehens in Forschung und Praxis. Weinheim 1997, S. 271

Watzlawik P./Beavin, J.H./Jackson, D.: Menschliche Kommunikation. Formen – Störungen – Paradoxien. Bern 2000

Weik, A.: Building a strengths perspecive for social work. In: Saleebey, D. (Hrsg.): The strengths perspective in social work practice. White Plains N.Y. 1992, S. 18 – 26

Weinberger, S.: Klientenzentrierte Gesprächsführung. Lern- und Praxisanleitung für Personen in psychosozialen Berufen. Weinheim 1994/2005

Wendt, W.R.: Unterstützung Fallweise. Case Management in der Sozialarbeit. Freiburg i. B. 1995

Übungen

Fallbeispiele

Lehrbücher Soziale Arbeit

Bernd Dollinger / Jürgen Raithel (Hrsg.)

Aktivierende Sozialpädagogik
Ein kritisches Glossar.
2006. 233 S. Br. EUR 19,90
ISBN 978-3-531-14973-8

Lutz Finkeldey

Verstehen
Soziologische Grundlagen
zur Jugendberufshilfe
2007. 128 S. Br. EUR 16,90
ISBN 978-3-531-15338-4

Michael Galuske / Werner Thole (Hrsg.)

Vom Fall zum Management
Neue Methoden in der Sozialen Arbeit
2006. 134 S. Br. EUR 14,90
ISBN 978-3-531-14972-1

Katharina Gröning

Pädagogische Beratung
Konzepte und Perspektiven
2006. 166 S. Br. EUR 16,90
ISBN 978-3-531-14874-8

Franz Herrmann

Konfliktarbeit
Theorie und Methodik Sozialer Arbeit
in Konflikten
2006. 211 S. Br. EUR 19,90
ISBN 978-3-531-15067-3

Heiko Kleve

**Die Praxis der
Sozialarbeitswissenschaft**
Eine Einführung in den Theoriediskurs
2008. ca. 140 S. Br. EUR 14,90
ISBN 978-3-531-15521-0

Michael May

**Aktuelle Theoriediskurse
Sozialer Arbeit**
Eine Einführung
2007. ca. 210 S. Br. EUR 19,90
ISBN 978-3-531-15647-7

Brigitta Michel-Schartze (Hrsg.)

Methodenbuch Soziale Arbeit
Basiswissen für die Praxis
2007. 346 S. Br. EUR 19,90
ISBN 978-3-531-15122-9

Hans J. Nicolini

Finanzierung für Sozialberufe
Grundlagen – Beispiele – Übungen
2006. 232 S. Br. EUR 21,90
ISBN 978-3-531-15012-3

Herbert Schubert (Hrsg.)

Sozialmanagement
Zwischen Wirtschaftlichkeit
und fachlichen Zielen
2., überarb. und erw. Aufl. 2005.
352 S. Br. EUR 22,90
ISBN 978-3-531-33604-6

Erhältlich im Buchhandel oder beim Verlag.
Änderungen vorbehalten. Stand: Juli 2007.

www.vs-verlag.de

VS VERLAG FÜR SOZIALWISSENSCHAFTEN

Abraham-Lincoln-Straße 46
65189 Wiesbaden
Tel. 0611.7878-722
Fax 0611.7878-400

Neu im Programm
Soziale Arbeit

MIX
Papier aus verantwortungsvollen Quellen
Paper from responsible sources
FSC® C105338

If you have any concerns about our products,
you can contact us on
ProductSafety@springernature.com

In case Publisher is established outside the EU,
the EU authorized representative is:
**Springer Nature Customer Service Center GmbH
Europaplatz 3, 69115 Heidelberg, Germany**

Printed by Libri Plureos GmbH
in Hamburg, Germany